UNIVERSITÉ DE PARIS — FACULTÉ DE DROIT

La Participation aux Bénéfices

État actuel de la Question

THÈSE POUR LE DOCTORAT

(Sciences Politiques et Économiques)

Présentée et soutenue le Mardi 20 Novembre 1923, à 15 h. 1/2

PAR

Jean SAVOYE

Lauréat de la Faculté de Droit de Paris

Président : M. J. PERCEROU, Professeur

M. TRUCHY, Professeur,

Suffragants : M. JULLIOT DE LA MORANDIÈRE, chargé de cours

PARIS

LIBRAIRIE ARTHUR ROUSSEAU

ROUSSEAU & Cⁱᵉ

ÉDITEURS

14, RUE SOUFFLOT ET RUE TOULLIER, 13

1923

THÈSE

POUR LE DOCTORAT

La Participation aux Bénéfices

État actuel de la Question

THÈSE POUR LE DOCTORAT

(Sciences Politiques et Economiques)

Présentée et soutenue le Mardi 20 Novembre 1923, à 15 h. 1/2

PAR

Jean SAVOYE

Lauréat de la Faculté de Droit de Paris

Président : M. J. PERCEROU, Professeur ;

Suffragants :
M. TRUCHY, Professeur ;
M. JULLIOT DE LA MORANDIÈRE, chargé de cours.

PARIS

LIBRAIRIE ARTHUR ROUSSEAU

ROUSSEAU et Cie

ÉDITEURS

14, rue Soufflot et rue Toullier, 13

1923

INTRODUCTION

Après avoir subi la plus effroyable des guerres, notre pays victorieux trouve dans les clauses du plus précaire des traités de paix une seule certitude : celle de ne devoir attendre le prompt relèvement de ses ruines que de ses propres efforts.

Les problèmes soulevés par l'organisation de la production, source de toutes richesses, passent ainsi au premier plan et leur solution heureuse s'impose aux efforts de tous.

Le premier de ces problèmes est celui des bons rapports entre les deux facteurs de toute production : le Capital et le Travail.

Aussi, la nécessité d'obtenir cet accord — si souvent et depuis si longtemps affirmée — n'a jamais été plus impérieuse.

L'antagonisme trop certain qui les dresse l'un contre l'autre a sa véritable cause dans les inconvénients des modes de rétribution du travail : si le salaire forfaitaire, en soustrayant l'ouvrier à tous les risques de l'entreprise qui l'emploie lui a assuré la rémunération déterminée d'avance, indispensable à celui qui attend du produit de son travail le pain quotidien, ce caractère forfaitaire même, s'il répond à une inéluctable nécessité, a pour conséquence de désintéresser l'ouvrier de la réussite de l'entreprise, il sépare absolument les intérêts de l'employeur et de l'employé.

Aussi, opposant le programme de l'union des classes au principe de la lutte des classes, on a pensé que le contrat de travail serait heureusement perfectionné par l'adjonction d'une clause en vertu de laquelle serait assurée à l'ouvrier, en plus de son salaire proprement dit, une quote-part des bénéfices de l'entreprise.

Cette participation ouvrière aux bénéfices, tout en assurant à l'ouvrier une rémunération plus équitable puisque, pour partie, elle serait proportionnée aux proﬁts de la vente des produits sortis de ses mains, réaliserait la communauté d'intérêts qui doit exister entre les collaborateurs d'une œuvre commune.

C'est à ces considérations que la participation aux bénéfices doit le remarquable mouvement d'opinion dont elle n'a cessé depuis plus d'un demi-siècle d'être l'objet.

On ne peut manquer, croyons-nous, d'en rappeler tout au moins brièvement, les principales manifestations.

Enquête du 10ᵉ Groupe de l'Exposition Universelle de 1867 ; création, en 1879, de la Société pour l'Étude pratique de la participation aux bénéfices, dont les membres, convaincus « que la participation, lorsqu'elle est judicieu-
« sement appliquée et que la bonne foi est réciproque,
« peut améliorer les relations entre le capital et le travail »

se sont donnés pour mission de « faciliter l'étude et la mise
« en pratique de ce régime », mission accomplie par eux
avec une inlassable et fructueuse activité.

La participation fut examinée avec une grande attention, en tant que mode de rémunération du travail par la
Commission d'enquête extra-parlementaire des Associations ouvrières nommée, en 1883, par M. Waldeck-
Rousseau.

Sur l'initiative de la Société pour l'Étude pratique de
la participation aux bénéfices, deux Congrès internatio-
naux furent réunis, en 1889 et en 1900, à Paris. Composés
d'économistes, de jurisconsultes et de chefs d'industrie,
ils délibérèrent tant sur le principe même de l'institution
que sur ses applications : les résultats de leurs travaux
sont condensés dans un certain nombre de résolutions
mûries que l'on peut, à juste titre, considérer comme
la charte de l'institution.

Un Congrès national, enfin, a été tenu à Bordeaux, en
novembre 1912, sous la présidence de M. Paul Doumer.

C'est la dernière grande manifestation en faveur de
la participation aux bénéfices avant la guerre.

Dans le discours qu'il prononçait, à Strasbourg, le
5 novembre 1919, M. Clemenceau affirmait la « ...néces-
« sité de mettre fin aux néfastes conflits du capital et du
« travail : admettre à cet égard que si le capital doit être
« assuré d'une rémunération en rapport avec les risques,
« les travailleurs ont le droit de voir réserver, une parti-
« cipation plus grande aux profits de ces entreprises » (1).

(1) *Le Temps*, 6 novembre.

Quelques semaines plus tard, le cabinet Millerand, dans la déclaration du gouvernement, affirmait, lui aussi, « qu'il conviendra de garantir aux travailleurs leur part « légitime dans les bénéfices, comme dans l'organisation « même du travail » (2).

L'Union fraternelle des employés du Commerce et de l'Industrie organisa un Congrès de la participation, les 1er et 2 octobre 1920, auquel M. Godard, député, rapporteur de la Commission du Travail, apporta sa collaboration ; puis vint le Congrès organisé par le Comité de Défense sociale et de Développement économique, tenu à Paris, en février 1921.

La XLe réunion annuelle de la Société d'Économie sociale, en mai 1921, consacra toute une séance à la participation aux bénéfices.

Inscrite au programme de la Conférence internationale parlementaire du Commerce, tenue à Lisbonne, les 25-28 mai 1921, sur la proposition du Comité parlementaire français du Commerce, la participation, après rapport de M. P. Delombre, — président de la Société pour l'étude pratique de la participation aux bénéfices — fit l'objet des trois résolutions suivantes :

I. La Conférence recommande l'adoption de la participation comme l'une des institutions ayant pour but la collaboration du capital et du travail ;

II. La participation aux bénéfices ne doit pas être con-

(2) *Le Temps*, 23 janvier 1920.

sidérée comme une libéralité de l'employeur vis-à-vis de l'employé et ne doit être imposée à personne

III. La Conférence considère que la participation aux bénéfices n'est souhaitable que si elle est librement acceptée par le personnel employé.

Le législateur, enfin, ne restait pas non plus inactif, puisque plusieurs propositions de loi, dont nous aurons à apprécier l'opportunité, visent l'application obligatoire de la participation et que celle-ci a été réalisée par la nouvelle législation, entrée en vigueur depuis peu, concernant le régime des Mines et des Chemins de fer et les modalités d'utilisation de l'Énergie électrique (1).

Parallèlement à l'action ainsi poursuivie en France, le ministre du Travail de Grande-Bretagne a fait paraître en 1920 (1) un nouveau rapport sur la participation en Angleterre qui embrasse les applications existantes et celles qui ont dû être abandonnées, continuant l'œuvre entreprise avec la collaboration de M. David Schloss et

---

(1) Cette dernière loi, toutefois, réalise la participation aux bénéfices sous la forme très spéciale prévue par la loi du 26 avril 1917 sur les Sociétés anonymes à participation ouvrière. Cette loi a créé, à côté des actions de capital, des *actions de travail*, propriété collective et inaliénable du personnel salarié de la Société groupé en société coopérative de main-d'œuvre. Nous ne nous occuperons pas, dans cette étude, de cette loi qui ne réalise la participation aux bénéfices que comme une conséquence d'une participation préalable au capital — et ceci, dans des conditions qui n'ont pas été sans soulever les plus graves objections d'ordre juridique.

(1) *Report on profit-sharing and Labour Copartnership in the United Kingdom.*

qu'avaient marquée, notamment les rapports publiés en 1894 et 1912.

Le département of Labor de Washington a édité, de son côté, en 1917, un rapport sur la participation aux bénéfices, aux Etats-Unis, fruit d'une enquête minutieuse (2).

L'attention actuelle toute particulière dont est, ainsi, l'objet la participation aux bénéfices nous a conduit à penser qu'il pourrait être intéressant de procéder à un examen d'ensemble de l'institution.

(2) *U. S. Department of Labor-bureau of Labor Statistics Profit-Sharing in the United-States, by Boris Emmet.*

CHAPITRE I

Vue d'ensemble

Il importe, dès les premières lignes de cette étude, d'adopter une définition de la Participation aux bénéfices qui résume ses caractères essentiels et, par là même, la sépare de différents procédés en usage trop souvent confondus avec elle.

« La participation aux bénéfices est une libre conven-« tion — expresse ou tacite, suivant les cas — par laquelle « un patron donne à son ouvrier, en sus du salaire nor-« mal une part dans ses bénéfices, sans participation aux « pertes ». Cette définition donnée par M. Ch. Robert, a été adoptée par M. David F. Schloss dans le *Report on profit-Sharing*, du Board of Trade de Londres de 1894, et par le Ministère du Travail des Etats-Unis dans son récent rapport de 1917 sur la participation aux Etats-Unis.

M. Waxweiler, dans son étude sur la participation aux bénéfices qui a obtenu le premier prix au Concours du Musée social (1896-97) dit, dans des termes semblables :

« La participation aux bénéfices (Profit-Sharing, die
« Gewinntbeteiligung) est un mode de rémunération
« du travail des ouvriers par lequel une part dans les
« bénéfices de l'entreprise vient s'ajouter à leur salaire
« normal ».

La participation aux bénéfices, convention librement
intervenue entre patrons et ouvriers et qui engage le
patron dans la mesure de ses termes, n'a, tout d'abord,
rien de commun avec le sgratifications pures et simples,
fruits de la générosité patronale qui se manifeste absolument discrétionnairement quant au choix des bénéficiaires et au quantum des sommes distribuées.

« Au sujet du mot Convention (1) ... (le Comité considè-
« re) que s'il implique normalement un accord légalement
« obligatoire, il n'exclut pas, cependant, les cas où l'ac-
« cord n'est que moralement obligatoire à condition
« qu'il soit honnêtement exécuté ».

Elle ne se confond pas, également, avec les divers

---

(1) Congrès international coopératif de Delft, 1897, auquel avait
été soumis un rapport sur la définition de la participation, rapport
rédigé par un Comité spécial nommé par le Congrès international
coopératif précédent, tenu à Paris en 1896. Le Congrès s'est proposé
d'interpréter les termes de la définition de la participation en s'inspirant de l'avis émis par le Congrès international de la participation
de 1889 : « que la convention librement consentie par laquelle l'ouvrier
« ou l'employé reçoit une part de bénéfices déterminée d'avance est
« conforme à l'esprit et aux principes essentiels du droit positif ».
C'est à l'avis exprimé par le Comité spécial et cité par Schloss et Rist
« Mode de rémunération du travail » p. 212 et suiv. que nous emprun-
tons ces passages et ceux qui vont suivre.

modes de primes et sursalaires qui visent, sans doute, à peu près, au même but : obtenir une productivité plus grande de l'ouvrier en l'intéressant directement à la bonne exécution de son travail par une rémunération croissant avec ses résultats. Ces moyens, s'ils rémunèrent les qualités professionnelles de l'ouvrier dans ce qu'elles ont de particulièrement avantageuses pour l'entreprise, ne le font nullement participer au profit global de celle-ci ; ils ne présentent pas le caractère spécifique de la participation : ajouter au salaire normal un tantième du bénéfice commercial qui se trouve réalisé à la fin d'une période d'exploitation donnée (1).

Une forme particulière de prime ne se confond pas, non plus, avec la participation, c'est le cas où cette prime dépend du chiffre d'affaires de l'entreprise, la maison peut, en fait, n'avoir rien gagné et pourtant, si elle a vendu beaucoup, devoir payer une forte prime.

Il en est de même en ce qui concerne le système dit de l'Echelle mobile : Dans ce dernier, « les salaires basés « sur un salaire étalon correspondant à un prix étalon, « haussent ou baissent d'un pourcentage convenu sui-

---

(1) « Par les bénéfices, dont une part doit être remise aux ouvriers, « le Comité est d'avis qu'il faut entendre les bénéfices nets effecti- « vement réalisés par les opérations de l'entreprise où existe la parti- « cipation. Il est donc nécessaire de noter que les primes à la produc- « tivité ou à l'économie ou les commissions sur les ventes et tous les « autres systèmes où le montant de la prime dépend soit de la qua- « lité, soit de la quantité du produit..., ne constitue pas une partici- « pation aux bénéfices ». Congrès de Delft. SCHLOSS. *loc. cit.*, p. 214.

« vant la hausse ou la baisse du prix moyen du produit, « ce prix étant constaté à des intervalles réguliers » (1).

Le prix de vente sur lequel est basé, dans ce cas, la rémunération de l'ouvrier n'est, en effet, qu'un des éléments du bénéfice qui, lui, résulte de la différence entre le prix de vente et le prix de revient, prix de revient dont il n'est pas tenu compte dans le système de l'échelle mobile. C'est en ce sens qu'on a pu dire (2) que l'échelle mobile, en associant l'ouvrier à la prospérité générale de la branche d'industrie à laquelle il appartient, était plus avantageuse pour lui que la participation aux bénéfices, dans toutes les hypothèses où l'entreprise étant mal gérée ne réalise pas de bénéfices malgré le prix de vente élevé de ses produits.

La participation aux bénéfices ne saurait se confondre non plus avec le métayage : si celui-ci réalise, sous forme du partage des produits, une forme de participation aux bénéfices, au sens le plus général du mot, il diffère profondément de l'institution qui est le but de cette étude : n'accordant au métayer aucune rémunération en dehors de sa part de produits il l'expose, ainsi, aux risques de l'exploitation, alors que l'ouvrier participant est assuré, en tout état de cause, de toucher le salaire convenu. « Le métayage est une association ou une coopé- « ration de production, ce n'est pas une participation

---

(1) J. E. Hunro, Sliding Scale in the cole industry, p. 6.
(2) Schloss et Rist, *op. cit.*, p. 254.

« aux bénéfices, c'est-à-dire une des formes du salariat
« amélioré » (1).

Pour les mêmes raisons nous laisserons de côté, toutes
les combinaisons en usage dans la pêche maritime, en
vertu desquelles le pêcheur touche une part des produits.

Ainsi, conformément à la définition donnée — dont
les différents termes nous ont permis, brièvement, de
situer, en quelque sorte, l'institution qu'ils caractérisent
parmi celles avec lesquelles on est parfois tenté de la
confondre; — il y aura *participation aux bénéfices* dans
tous les cas où, en vertu d'un accord intervenu entre un
chef d'entreprise et ses ouvriers, ceux-ci toucheront, en
plus de leur salaire, une part déterminée des profits.

Il n'y aura pas, par contre, participation aux bénéfices
proprement dite, lorsque le patron prélèvera annuellement sur ses bénéfices une somme qu'il consacrera à
des œuvres collectives destinées à l'amélioration du sort
de ses ouvriers : assurances, pensions, habitations à bon
marché, établissements de secours, d'éducation, etc...
Ce système désigné sous le nom de *participation indirecte
ou collective* et dont le Congrès de 1900 reconnaissait,
cependant, l'utilité dans « les établissements où la répar-
« tition entre tous ne donnerait à chacun qu'une petite
somme », apparaît comme une manifestation de ce
patronage « exercice d'une sorte de tutelle, volontaire
« et bienfaisante, qui se produit moins dans l'atelier

---

(1) LEVASSEUR : Rapport du Concours du Musée Social ; R. MERLIN,
Le Métayage et la participation aux bénéfices, p. VIII.

« même que hors de l'atelier et s'adresse plus à l'homme
« et à sa vie de famille qu'à l'ouvrier en tant que tra-
« vailleur et procède d'un sentiment d'humanité du
« patron et non d'un contrat de travail » (1).

L'affectation du produit de la participation à des services d'intérêt commun fait perdre à cette dernière le
caractère de mode de rémunération du travail qui doit,
surtout, être le sien et qui ne peut résulter que d'une
répartition individuelle.

Ce caractère, le garde-t-elle, lorsqu'il y a bien répartition individuelle, mais lorsque la somme distribuée
n'est point déterminée à l'avance ? « Il est inutile, a
« déclaré à ce sujet, le Congrès de Delft, que les ouvriers
« sachent par le menu sur quelle base est fixé le mon-
« tant de leur part : ainsi un patron peut s'engager à
« remettre à ses ouvriers la moitié de tous ses bénéfices
« au delà d'une limite réservée, limite qui ne sera con-
« fiée qu'à un comptable, lequel certifiera quelle part
« revient aux employés » (2).

Mais, si le patron peut fixer, souverainement, à la fin
de chaque exercice, la somme qu'il allouera à son personnel, il n'y aura pas participation aux bénéfices (2).
L'exclusion ainsi prononcée contre cette forme de participation aux bénéfices discrétionnaire, pourtant fréquemment appliquée en pratique, a un motif juridique : dans

______

(1) Séance d'ouverture du Congrès de 1889. Discours LEVASSEUR,
p. 99 et suiv.

(2) SCHLOSS, *op. cit.*, p. 216.

ce cas, aucune obligation ne naît à la charge de l'employeur au profit de ses ouvriers, le supplément de rémunération qu'il leur acorde est essentiellement bénévole et précaire. On ne peut fonder sur une base aussi fragile la participation aux bénéfices mode de rénumération du travail, forme perfectionnée du salariat. Ces considérations — si elles sont suffisantes pour écarter la participation discrétionnaire de la définition que nous avons indiquée — ne le sont pas, toutefois, pour condamner les applications qui en sont faites et qui, pour beaucoup de maisons, d'ailleurs, ont constitué une étape vers la forme achevée de l'institution, *la participation contractuelle* (1).

C'est donc cette dernière qui fera l'objet de cette étude, comme seule susceptible par la détermination précise des droits et obligations réciproques des parties de constituer un mode du contrat de louage de travail « en « vertu duquel la rémunération de l'employé au lieu de « consister uniquement, comme dans le salariat ordi- « naire, en une somme déterminée à l'avance, à la jour- « née ou à la tâche, se compose de deux parties un « salaire ordinaire fixé d'avance et payé d'abord aux épo- « ques convenues et, en outre, une part éventuelle dans « les bénéfices, attribuée ensuite au salarié, s'il y a lieu, après la balance des comptes de l'exercice financier (2).

(1) Cf. WAXWEILER, *op. cit.*, p. 29.

(2) LEVASSEUR : Le Concours sur la participation aux bénéfices, au Musée Social.

Comme une définition ne saurait, toutefois, donner à elle seule une vue d'ensemble suffisante d'une institution aussi complexe, susceptible, comme nous le verrons, de revêtir les formes les plus diverses, mais seulement résumer ses caractères essentiels, nous estimons nécessaire de commenter encore ces derniers en faisant appel principalement aux différents travaux et enquêtes récents que nous avons indiqués en tête de cette étude et que l'on peut considérer comme la concrétisation du mouvement général d'opinion dont est l'objet la participation aux bénéfices.

En ce qui concerne tout d'abord son caractère, elle n'est pas une libéralité : « Supplément du salaire, elle « comporte, au profit de l'entreprise qui l'admet, un « supplément d'avantages que le salaire pur et simple, « en général, ne suffit pas à assurer. En effet, en sus « et au delà des services ordinaires dont la juste rému- « nération se trouve dans le salaire normal, il existe tout « un ensemble de concours matériels et moraux qu'un « mode perfectionné du salariat peut provoquer : stabi- « lité plus grande du personnel, souci et attention, éco- « nomie dans le travail » (1).

On ne saurait trop insister sur ce point, « car une des causes de discrédit de la participation, comme le constate justement M. Deloncle, est qu'on la représente souvent comme une aumône » (2).

(1) Paul Delombre, Rapport à la Conférence de Lisbonne. Bulletin de la Participation aux bénéfices, 1921, p. 117 et suiv.

(2) Deloncle, Capital et Travail, p. 163.

C'est pourtant cette manière de voir que soutenait M. Vanlaert dans sa communication au Congrès de la Réforme Sociale (1).

« Il faut considérer, dit-il, la participation comme une « libéralité, elle n'est pas la rétribution de services ren- « dus mais une concession gratuite accordée par le chef « d'entreprise... puisque la participation est une libé- « ralité patronale, on doit donc dire qu'elle est une forme « de patronage, elle est l'application de ce devoir qu'à « le patron de s'intéresser plus particulièrement à ses « ouvriers qu'à tout autre prochain et de lui témoigner « cet intérêt sous une forme ou sous une autre » et M. Isaac, ancien Ministre du Commerce, président de la réunion ajoutait : « Je m'associe aux conclusions de « M. Vanlaert, la participation est une forme de patro- « nage ».

Si nous examinons, maintenant, ses conditions de développement, celui-ci apparaît essentiellement lié à un régime de liberté. Tous les congrès, tous ceux qui ont créé, étudié, pratiqué la participation sont unanimes sur ce point. Nous citerons seulement à titre d'exemple les résolutions du congrès tenu à Lyon les 1er et 2 octobre 1920 par l'Union fraternelle des Employés du Commerce et de l'Industrie, parce que de la part de ceux qui ne peuvent que souhaiter ardemment l'adoption d'une ins- titution susceptible d'améliorer leur situation matérielle

____

(1) La Réforme Sociale, 1921, t. I, p. 482.

et morale, la répudiation de toute obligation prend une valeur particulière :

« Le Congrès, considérant que les manifestations de « l'activité économique sont d'une extrême variété ;

« qu'il est impossible de trouver une réglementation « déterminant d'une façon uniforme la participation du « travail aux résultats de sa coopération avec le Capital ;

« que cependant, il est absolument indispensable que « cette participation soit établie aussi équitablement que « possible, que c'est une des conditions inéluctables de « paix sociale et de développement économique du pays ;

« Considérant qu'il est de l'intérêt général que cette « réforme de justice soit le résultat de l'initiative indivi-« duelle pour éviter le péril d'une loi qui deviendrait « une nécessité devant l'indifférence des intéressés ;

Émet le vœu :

« Que le Parlement ne se laisse pas entraîner dans le « vote d'une loi de circonstance qui pourrait amener le « plus grand trouble dans la situation économique en « raison des difficultés nombreuses auxquelles son appli-« cation immédiate viendrait se heurter ;

« Que les entreprises réalisent elles-mêmes dans le « plus bref délai possible la participation aux bénéfices « sous une forme adéquate à la nature de chacune « d'elle ».

PARAGRAPHE 2 : HISTORIQUE. — DÉVELOPPEMENT
DES APPLICATIONS.

Dans son introduction au rapport du Jury international de l'exposition universelle de 1867, Michel Chevalier constatait, « qu'il y a déjà plus de trente ans que « quelques personnes, en très petit nombre, placées à la « tête d'établissements divers ont eu l'idée d'associer les « ouvriers ou les employés aux bénéfices de l'industrie « en leur répartissant à la fin de l'année une part déter- « minée de ces bénéfices qui venaient en addition des « salaires habituels de la profession, et il concluait « que le système de la participation mérite d'être comp- « té parmi les améliorations sociales qu'il importe le « plus de mettre en honneur » (1).

En effet, c'est le 1er janvier 1842 que J.-E. Leclaire, entrepreneur de peinture à Paris, introduisit la participation aux bénéfices dans sa maison, et le 1er février 1843, il déposait devant ses ouvriers réunis, un sac d'écus de 12.226 francs représentant la part totale dans les bénéfices de l'année qu'il allait leur répartir : La participation entrait dans le domaine industriel, non sans avoir essuyé tout d'abord un veto administratif fondé sur les disposi- tions de la loi du 22 germinal, an XI (2).

(1) Rapports du Jury international, t. I, p. CDXLVI et suiv.
(2) Enquête de la Commission extra-parlementaire des Associations ouvrières. 2e Partie, 1883, p. 497.

« L'ouvrier, disait notamment l'Administration, doit
« rester entièrement libre de fixer et régler son salaire
« sans pactiser avec le maître. »

Toutefois, M. Schloss, dans l'enquête du Board of Trade
(*Report on profit Sharing*, 1894), a révélé que l'initiative de la première application de la participation aux
bénéfices revient à un propriétaire foncier d'Angleterre
qui, en 1832, décida d'admettre ses ouvriers au partage
de ses bénéfices en supposant chacun d'eux possesseur
d'un capital équivalent à celui dont les intérêts comptés
à 5 % représenteraient le salaire annuel ; on peut citer
également, comme le fait M. Trombert, le décret de Mos-
cou, du 14 octobre 1812, qui accorde aux sociétaires du
Théâtre Français des parts de bénéfices qui s'ajoutent à
des allocations fixes, les compagnies d'assurances la
Nationale et l'Union qui pratiquèrent la participation
respectivement dès 1820 et 1830, et, enfin, la maison
Paturle-Lupin, filature de laine au Cateau, qui avait intro-
duit la participation dans ses statuts sociaux, 1839 (1).

Il n'en reste pas moins acquis que c'est l'expérience de
Leclaire, consacrée par un succès remarquable, qui a
eu une influence prépondérante sur le développement
ultérieur de la participation dans le domaine industriel,
en France tout au moins.

C'est en France, également, que l'idée de l'institution
avait été exposée pour la première fois par les Saint-
Simoniens, en juillet 1826, dans un article du « Produc-

____

(1) A. Trombert, « La participation aux bénéfices », p. 22.

teur » intitulé *De la classe ouvrière* (tome IV, premier cahier, notamment pp. 3o8 et suiv.) et non pas, ainsi que l'indiquait M. Schloss, en Angleterre par l'économiste Babbage dans son traité *On the economy of Machinery and manufactures* (1833) (1).

On ne peut manquer, croyons-nous, de rapprocher également le principe de la participation aux bénéfices des idées de Fourier qui admettait la collaboration nécessaire des trois facteurs : Travail, Capital et Talent (Direction) et les droits de chacun d'eux à prendre sa part du produit, attribuant 5/12 au premier, 4/12 au second et 3/12 au troisième.

Les applications qui suivirent l'initiative heureuse de Leclaire s'inspirèrent tant de ce succès que des idées de collaboration et de justice sociale qui ont marqué ce qu'on a appelé « la période poétique du socialisme contemporain ».

Ces applications, il est difficile de préciser leur nombre exact : de multiples maisons, en effet, ne font pas connaître, pour des motifs divers, celles qu'elles ont réalisées; en outre, les chiffres fournis peuvent varier grandement selon que ceux qui les établissent appliquent plus ou moins rigoureusement la définition. Suivant, en effet, que l'on fera mention dans les statistiques de la participation collective et de la participation discrétionnaire, les résultats qu'elles fourniront seront susceptibles pour

(1) *Contrà:* WAXWEILER, *op. cit.*, p. 19, en note.

un même pays et pour une même époque de différences assez sensibles (1).

Pour ces raisons, les chiffres que nous citerons pour différents pays — principalement d'après les données que possède la Société pour l'étude pratique de la participation aux bénéfices, — constituent plutôt un ordre de grandeur, mais ils nous fournissent, sous les réserves formulées, une indication générale intéressante du mouvement participationniste.

Pour la France, tout d'abord, on y comptait, 114 applications en 1912. Actuellement se poursuit l'enquête du ministère du Travail et celle entreprise par la Société pour l'étude de la participation pour la mise à jour de la 3ᵉ édition du Guide Pratique.

Aux États-Unis, d'après les documents du ministère du Travail, rapport de M. Boris Emett, publié en 1917, on compte, à cette date, 60 établissements pratiquant la participation aux bénéfices proprement dite, c'est-à-dire que dans les entreprises considérées par le rapporteur :

1°) La part à distribuer varie avec le montant des bénéfices nets de l'entreprise ou avec celui du dividende payé aux actionnaires ;

(1) C'est ainsi que le rapport Boris Emett, de 1917, appliquant rigoureusement la définition que nous avons donnée, ne trouve aux États-Unis que 60 cas d'application de participation proprement dite; à ce chiffre, M. Trombert estime qu'il y a lieu d'ajouter 20 maisons relevées sur les listes de la Société pour l'Étude de la participation aux bénéfices, et donne ainsi 80 exemples de participation aux États-Unis (*op. cit.*, p. 46).

2°) Le taux est défini à l'avance ;

3°) La participation comprend au moins le tiers du personnel sans limitation exclusive aux employés principaux ou au personnel de bureau ;

4°) Les participants connaissent, au moins dans les grandes lignes, le mode de détermination des parts.

En Angleterre, les statistiques qui ne comprennent que les entreprises où la participation aux bénéfices fonctionne avec un quantum nettement déterminé, relèvent à la fin de 1921 (numéro d'octobre 1922 de la *Labour Gazette*), 201 établissements pratiquant la participation ou la co-association, cette dernière suppose dans le fonctionnement de la participation la possession d'actions de l'entreprise, acquise par le participant au moyen de ses bonis (1).

Contre 47 applications nouvelles en 1919, et 40 en 1920, il ne paraît en avoir été fait que 7 en 1921.

En Allemagne, l'institution est en notable régression : si on y enregistrait 20 applications en 1892, leur nombre s'élevait à 46 en 1907, dont 7 établissements alsaciens ; depuis, 11 applications subsistent seulement (2).

La Suisse offre 24 applications ; la Hollande, 10 ; la Belgique, 5 ; l'Italie, 5 ; la Norvège, 18 ; la Bohême, l'Espagne, le Portugal, le Danemark n'en fournissent qu'un exemple chacun !

(1) Cf. *infrà*, chap. II.

(2) Communication faite à la Société pour l'étude de la participation par le professeur BOEHMERT, le 30 juin 1920,

On peut donc dire qu'à l'exception de la France, de l'Amérique et de l'Angleterre, la participation aux bénéfices n'est pratiquement pas appliquée.

CHAPITRE II

Organisation pratique de la participation aux bénéfices

La mise en pratique dans une entreprise déterminée de la participation aux bénéfices telle que nous l'avons définie, suppose l'accomplissement de différentes opérations dont la réalisation successive doit répondre aux points suivants :

Sur quel fonds sera prélevée et de quelle façon sera déterminée la quote-part des bénéfices qui sera distribuée au personnel ?

La somme ainsi prélevée — que l'on peut appeler, avec M. Waxweiler, *dividende de participation* — dans quelles conditions et sur quelles bases sera-t-elle répartie à chaque ouvrier ou employé ? Les parts de chacun fixées, sous quelles formes seront-elles remises aux ayants droit ? Certains droits ne seront-ils pas reconnus à ces derniers, en ce qui concerne la vérification, par eux, de ces différentes opérations, et, d'une manière générale, en ce qui concerne la gestion de l'entreprise, tout au moins dans une certaine mesure ?

Paragraphe 1 : Fonds de Prélèvement

Sur quel fonds sera prélevé le dividende de participation ?

Différentes combinaisons se présentent dans la pratique : elles font apparaître la question du calcul des bénéfices, l'une des plus délicates que pose la participation.

La quote-part revenant au personel sera-t-elle prélevée sur la somme obtenue en défalquant du montant des ventes le coût de production des produits vendus, ou sur ce qui subsistera de cette somme après les divers prélèvements qu'elle subit presque toujours dans la pratique industrielle ou commerciale, à des titres divers et variables avec la nature de chaque entreprise : réserves, amortissements, fonds de prévoyance ?

En faveur de cette dernière méthode, on peut faire valoir que, sans de tels prélèvements, qui répondent à l'impérieuse nécessité d'assurer la vie de l'entreprise et qui tiennent compte de multiples facteurs qu'une bonne gestion doit prendre en considération : renouvellement plus ou moins urgent des stocks ou du matériel, état du marché, etc... aucune répartition n'apparaît légitime : il n'y a pas *bénéfice net distribuable*.

Par contre, la détermination de ce *bénéfice distribuable* ne va pas sans difficultés et ces prélèvements, si nécessaires et justifiés qu'ils soient, ne sont point sans danger pour les participants : ne vont-ils pas, en effet, réduire considérablement la somme sur laquelle portera leur quote-part, et rendre par conséquent celle-ci dérisoire ? En exagérant les amortissements, en constituant des fonds de réserve ou de prévoyance plus importants qu'il ne serait nécessaire, les participants se trouvent frustrés, car, n'étant pas associés (1), ils ne retrouveront pas ultérieurement, sous forme de boni de liquidation, ce qu'ils n'auront pas touché, à la fin de chaque exercice social, des bénéfices mis en réserve.

Nous ne faisons qu'esquisser cette question sur laquelle nous aurons à revenir quand nous examinerons la participation au point de vue juridique et nous verrons, alors, si les participants ne se trouvent pas armés contre toute tentative de réduire leur part par des majorations excessives de certains postes du bilan. Nous devions, seulement montrer, ici, l'une des difficultés de la détermination du fonds de prélèvement. C'est en considération de ces dernières que dans sa III⁰ résolution le Congrès International de 1900 émettait l'avis que « dans la « mesure du possible et, sous les réserves commandées « dans certains cas, il conviendra, pour augmenter les « garanties offertes aux bénéficiaires de la participation « contractuelle, d'adopter et d'énoncer des bases généra- « les déterminées dans chaque maison pour la confec- « tion de l'inventaire ». Cette résolution était commen- tée en ces termes au cours de la discussion engagée à

____

(1) *Infrà*, chap. IV.

son sujet : « Ce qu'on demande, ce n'est pas que le patron
« fixe à 10 ou 12 % l'amortissement, c'est qu'il indique
« s'il doit y avoir des amortissements... l'inconvénient
« existerait si, en fait, on disait : il y aura 10 % d'amor-
« tissement; des amortissements considérables, bien supé-
« rieurs au chiffre fixé peuvent être nécessaires une
« année... il faut, pour éviter toute difficulté au patron,
« que, dans les contrats de participation, on précise que
« les chiffres des prélèvements ne peuvent pas être fixés
« d'avance parce qu'ils devront varier chaque année
« suivant les nécessités de l'entreprise » (1).

Tel est, esquissé à grands traits, le conflit d'intérêts
que peut faire apparaître le calcul des bénéfices et qui
commande que le contrat de participation aux bénéfices
énonce, tout au moins, les bases générales de confection
de l'inventaire, si la détermination de ces bases ne peut,
sans constituer une sérieuse entrave à la bonne gestion
de l'entreprise, comporter l'indication précise des taux
respectifs des différents prélèvements.

La question des modes de calcul du bénéfice apparaît
plus particulièrement délicate dans une entreprise individuelle : le chef d'exploitation qui assume toutes les
charges de la marche de l'entreprise, tant par son travail
personnel que par ses seuls capitaux devra donc agir
« pour arriver à une « répartition équitable » comme
« s'il existait un acte de Société moralement contracté
« avec son personnel. Il aura donc à constituer son

(1) Compte rendu *in extenso*, p. 87 et suiv.

« apport, fonds, marchandises; matériel, espèces, ce
« capital sera productif d'intérêts... Aucune difficulté
« sérieuse ne se présentera pour fixer les amortissements
« qui varieront de 5 à 10 % suivant l'importance de la
« maison. Reste à déterminer le montant de la somme
« que le patron à l'intention de prélever avant tout par-
« tage, pour ses frais de gérance » (2).

PARAGRAPHE 2 : DÉTERMINATION DU DIVIDENDE
DE PARTICIPATION

Le bénéfice partageable une fois déterminé, comment,
en l'absence d'aucun critère scientifique, sera fixée la
part qui doit en revenir au personnel, le dividende de
participation ?

Deux méthodes principales, bien distinctes, s'efforcent
d'atteindre ce but :

a) Établissement du dividende de participation d'après
un taux déterminé.

b) Établissement du dividende de participation d'après
des bases déterminées.

a) Avec cette première méthode on fixe définitivement
le quantum des bénéfices (5 %, 10 %, etc.), qui sera attribué aux participants. La détermination de ce taux peut
présenter une part d'arbitraire quoiqu'il ne soit pas dou-
teux que les intentions plus ou moins généreuses du
chef d'entreprise n'en devraient pas constituer les seuls

(2) Rapport de M. Moutier au Congrès de 1889 sur la confection
du bilan d'une entreprise individuelle participationniste.

éléments : la nature de l'affaire, ses conditions particulières de fonctionnement — importance relative du capital engagé et de la main-d'œuvre — les risques, autant de facteurs à prendre également en considération.

Ce taux sera donc fort variable dans la pratique : si dans quelques maisons il présente une importance particulière (1), il varie en fait de 5 à 15 % (2).

Du reste, il ne faut pas confondre le pourcentage ainsi prélevé sur les bénéfices en faveur des ouvriers avec le pourcentage de majoration de leur salaire que la participation pourra leur procurer : « Dans une entreprise « ou le capital engagé est énorme et la main-d'œuvre « peu de chose relativement, une participation de 2 % « sur les bénéfices qui sont énormes, eux aussi, comme « pour le Suez, suffit pour donner aux employés une « majoration de leur traitement qui va jusqu'à 41 %. « Inversement, dans une entreprise où le capital est relativement insignifiant et où le travail est tout, comme « dans la peinture en bâtiment, une participation de « 80 %, comme chez Leclaire peut ne procurer qu'une « augmentation de salaires assez faible » (3).

b) Cette méthode se propose d'éviter le caractère auto-

(1) Notamment à la Maison Leclaire (Brugniot, Laurent et C") les bénéfices sont attribués : 35 % à la Société de Secours Mutuels et de Prévoyance de la Maison ; 15 % à la gérance ; 50 % au personnel ouvrier et employé. Chez MM. Laroche, Joubert et C" : 25 % au capital, 25 % aux gérants et au Conseil, 50 % au personnel.

(2) A. TROMBERT, Etude d'ensemble, p. 56.

(3) Ch. GIDE, Cours professé aux Etudiants américains, mai-juin 1919, p. 392-393.

ritaire, sinon arbitraire, que peut présenter la fixation *a priori* du quantum des bénéfices qui sera attribué aux participants. On s'efforcera, pour cela, de déterminer les apports respectifs du travail et du capital à l'œuvre de production, et le partage des bénéfices s'effectuera entre chacun d'eux au prorata de ces apports respectifs. Comment évaluer ces apports ?

Pour le travail, on prendra comme mesure du concours apporté par lui à la production et comme appréciation de son rôle exact dans l'entreprise considérée, la somme totale qui lui est payée annuellement à titre de salaires et appointements.

Pour le capital, on peut envisager soit son montant total engagé dans l'entreprise, soit la somme qui lui est allouée à titre d'intérêts : ces deux bases distinctes correspondent à deux conceptions différentes de son rôle dans la production.

Dans la première, on considère que son concours est exactement mesuré par son montant : le partage des bénéfices s'établira alors par parts proportionnelles à ce montant d'une part, et au total des salaires payés annuellement de l'autre. Pour donner un exemple concret, ce système employé notamment chez MM. Deberny et Cie ((fonderies de caractères à Paris) donnera, en supposant 5oo.ooo francs le total des capitaux engagés, 1oo.ooo francs le montant total des salaires et 12o.ooo francs les bénéfices nets réalisés, la répartition suivante :

Pour le Capital :
$$\frac{120.000 \times 500.000}{500.000 + 100.000} = 100.000 \text{ frs.}$$

Pour le Travail :
$$\frac{120.000 \times 100.000}{500.000 + 100.000} = 20.000 \text{ frs.}$$

Avec la seconde, on estime plus juste d'assimiler les salaires, non pas au capital engagé mais à l'intérêt payé à ce capital : l'employé, dit-on, place son énergie, son travail, le capitaliste son argent. Le premier est rémunéré par un salaire, le deuxième par un intérêt convenable. Après défalcation de toutes charges, y compris cet intérêt, le bénéfice de l'entreprise sera donc réparti proportionnellement à la somme représentant l'intérêt alloué au capital d'une part, et au montant des salaires de l'autre. En reprenant les chiffres de l'exemple précédent et en supposant fixé à 6 % l'intérêt payé au capital, la répartition sera la suivante. :

Pour le Capital :
$$\frac{120.000 \times 30.000}{100.000 + 300.000} = 27.682.$$

Pour le Travail :
$$\frac{120.000 \times 100.000}{100.000 + 300.000} = 92.308.$$

Ceci répond, ainsi que le constate M. Gide, « à une « conception nouvelle du rôle du Capital dans la pro- « duction. Le concours qu'il lui apporte étant, dans ce « cas, mesuré par le prix de location qui lui est payé — « l'intérêt — de même que le concours du travail est « mesuré par le prix auquel il est loué, le salaire. » (1).

M. Deynaud, directeur-gérant de l'ancienne maison

(1) Ch. GIDE, Cours professé aux Etudiants américains, p. 388-389.

Godin, Société du Familistère de Guise, où la répartition se fait sur ces bases, la justifie ainsi : « Ayant cons-
« taté que les services des capitaux engagés dans une
« affaire reçoivent un intérêt déterminé, représenté par
« un certain nombre de francs; — d'un autre côté, que les
« travailleurs reçoivent des salaires représentés aussi par
« un certain nombre de francs, — et ces sommes expri-
« mant les concours de chacun des facteurs, M. Godin a
« été amené scientifiquement à conclure que la part de
« bénéfices revenant équitablement à chacun de ces élé-
« ments: capital et travail, devait être proportionnelle au
« nombre de francs payés à chacun d'eux... Ainsi dans les
« industries où l'on paie deux fois, trois fois, quatre fois,
« dix fois plus de salaires aux travailleurs que d'in-
« térêts aux capitalistes, la part des bénéfices revenant
« aux travailleurs doit être deux fois, trois fois, quatre
« fois, dix fois plus grande et inversement » (1).

D'autres combinaisons se présentent, encore, dans la
pratique :

Partage égal entre le capital et le travail, du profit
net, déduction faite de toutes les charges de l'entreprise,
y compris l'intérêt du capital.

Dans certaines maisons enfin, comme l'imprimerie
Mâme à Tours, la Société générale des chemins de fer
économique, etc., on a pris comme base du prélèvement
un pourcentage des salaires : le dividende de participa-

____

(1) Etudes sociales: Le familistère de Guise; pp. 4, 5. Cité par
Waxweiler, *op. cit.*, p. 33.

tion sera tel qu'il permette à chaque participant de recevoir une part des bénéfices de l'entreprise correspondant à 10 % de son salaire.

Dans d'autres, le salaire reçoit un tantième égal au taux du dividende revenant aux actionnaires. (Boissière, entreprise de couverture et plomberie à Rouen, etc.).

Telles sont, les principales combinaisons possibles qui s'offrent au choix des intéressés. Leur diversité révèle la grande souplesse de la participation qui pourra ainsi répondre aux nécessités particulières comme aux besoins de chaque entreprise en tenant compte de ses conditions propres de fonctionnement et d'organisation. Le premier but que doit se proposer un chef d'industrie en introduisant dans sa maison la participation, c'est que la part des bénéfices destinée à être distribuée au personnel, soit, en exercice normal, d'une importance telle que le surcroît de rémunération qu'elle représentera pour chaque participant stimule son activité et l'intéresse efficacement à la bonne marche de l'entreprise.

PARAGRAPHE 3 : MODES DE RÉPARTITION.

Avant d'examiner les bases selon lesquelles aura lieu la répartition du dividende de participation entre les ayants droit, il faut se demander quels seront ces derniers : le personnel d'une entreprise ayant adopté la participation aux bénéfices peut, en effet, n'être point tout entier admis à en profiter, des conditions d'admission peuvent venir restreindre le nombre des participants.

Ces conditions d'admission répondent chez le patron

à la préoccupation légitime de n'associer à la prospérité
de la maison que les ouvriers dont les qualités professionnelles et personnelles constituent l'un des éléments
de cette prospérité ; la plus fréquente, en pratique, réside
dans l'accomplissement d'un certain temps de services
dans l'établissement (1).

La répartition, entre ces ayants droit, se fera le plus
souvent proportionnellement entre le montant total des
salaires et le salaire individuel de chaque participant, ce
dernier étant considéré comme la mesure normale du
concours apporté par chacun à la production (2).

L'estimation des droits de chacun, uniquement d'après
le montant des appointements qu'il a touchés n'a point
satisfait toutefois certains chefs d'entreprise. Ils ont trouvé ce mode de répartition un peu trop empirique : en
prenant en considération l'ancienneté, la valeur ou
l'importance des fonctions ou services, l'évaluation des
parts individuelles au moyen de ces facteurs, soit seuls,
soit combinés avec le salaire, se ferait plus équitablement. Ainsi, on tiendrait mieux compte du concours
effectivement apporté par chacun à l'œuvre commune.

Les modes de répartition suivants, susceptibles de
modalités variées, répondent à ces préoccupations :

a) Répartition proportionelle à l'ancienneté.

b) Répartition proportionnelle aux salaires et à l'ancienneté : à la maison Bréguet, par exemple, après un

(1) Le plus généralement, le stage imposé est de un an.

(2) Cette conception, nous l'avons vu, sert de base également, à
l'une des méthodes d'établissement du dividende de participation.

an de présence la part allouée à chaque participant est proportionnelle au salaire. Pour les années suivantes, la part est proportionnelle au salaire augmenté de 2 % après 2 ans, de 4 % après 3 ans, de 6 % après 4 ans... de 50 % pour 15 ans de services. Au delà de la 16e année la majoration de salaire ne progresse plus.

c) Proportionnelle au salaire et à l'importance ou valeur des services.

d) Proportionnelle à l'ancienneté et à l'importance ou valeur des services : chez MM. Balland et Cie, fabrique de montres à Genève, 70 % de la somme à répartir est divisée en parts, qui sont ainsi distribuées, 1 aux participants comptant de 2 à 7 ans de présence, 2 de 7 à 20 ans, les 30 % restants récompensent les services rendus.

e) Répartition proportionnelle au salaire, à l'ancienneté, et à l'importance ou valeur des services et fonctions. Ce mode qui réunit tous les facteurs précédemment envisagés, est appliqué notamment chez MM. Laroche-Joubert et à la banque populaire de Milan.

PARAGRAPHE 4 : EMPLOI DES PARTS.

Le montant des parts individuelles déterminé, comment s'opèrera leur attribution à chaque intéressé ? Trois modes se présentent ici, correspondant chacun à une conception différente du rôle et du but de la participation aux bénéfices : A) les parts sont payées comptant ; B) les parts sont mises en réserve pour l'avenir ; C) les parts sont employées à l'acquisition de parts sociales de l'entreprise.

A) Les parts sont payées comptant à la fin de chaque exercice.

Ainsi est rendu directement sensible aux participants l'avantage que leur procure la participation, en même temps que se trouve assuré au mieux son rôle de « stimulant au travail et à l'économie de la production ». C'est pour ces motifs que la remise des parts en espèces est pratiquée dans un grand nombre de maisons : sur 80 citées par M. Trombert, 40 l'ont adopté (1), toutefois, ce système est appliqué plus généralement en Angleterre et en Amérique (2) qu'en France où « le plus usité c'est « d'attribuer ces parts, sinon en totalité du moins pour « partie, sous forme de titres d'épargne en les versant « dans une caisse au nom de l'ouvrier » (3).

Nous en arrivons ainsi au deuxième mode :

B) Les parts sont réservées pour l'avenir.

Il peut paraître sage, en effet, de consacrer à la prévoyance le surcroît de rémunération qu'apporte la participation (4) : en laisser la libre disposition à l'ouvrier, c'est introduire un élément variable dans le budget de sa famille qu'il emploiera en superflu pour le présent,

(1) TROMBERT, *op. cit.*, p. 64.
(2) Sur 42 établissements considérés dans le rapport B. EMETT, 32 payent au comptant.
(3) Ch. GIDE, Cours aux Etudiants américains, p. 388-389.
(4) Cf. V. Résolution, Congrès international de 1900.

sans songer au nécessaire pour l'avenir. Cette prévoyance que l'on impose à l'ouvrier revêt plusieurs formes :

1°) *Capitalisation sur livret individuel :* la somme revenant au participant, en fin d'exercice, y est inscrite ; elle se grossit chaque année d'intérêts et d'une part nouvelle. Le participant entrera en jouissance du produit capitalisé de sa participation quand il quittera l'entreprise, mais on lui impose alors, le plus souvent, la réalisation en sa personne de certaines conditions d'âge et de temps de services (1).

Il peut soit disposer librement du montant de son livret, soit être obligé d'opter entre des modes d'emploi spécialement sûrs déterminés par les règlements de la maison : acquisition de valeurs nominatives de tout repos, ou constitution de rente viagère à capital réservé ou aliéné. Dans tous les cas, en effet, où les parts capitalisées n'atteindraient pas un montant assez important pour assurer au participant retraité un revenu suffisant, la rente viagère acquise avec ces fonds lui constituera au contraire une pension efficace (2).

---

(1) Cf. *infra*, p. 51.

(2) A la Compagnie d'assurances générales, rue de Richelieu, par exemple, l'employé a droit à la liquidation de son compte après 25 ans de services ou 65 ans d'âge, il peut choisir entre une pension viagère avec ou sans reversibilité, des rentes sur l'État ou des obligations de chemin de fer français, dont les titres demeurent déposés dans la Caisse de la Compagnie jusqu'au décès du titulaire pour être remis à ses ayants droit. « Le Conseil, ajoute l'art. 15 du règlement, est seul « juge des circonstances exceptionnelles dans lesquelles on peut con-

2°) *Constitution de rente viagère.* C'est pour cette raison que dans nombre de maisons les parts sont employées à la constitution directe de pensions de retraite, soit par versement à une Caisse de Retraite de la maison, comme à la fonderie Deberny et Cie, soit à la Caisse des Retraites pour la vieillesse, comme à la Société Anonyme des journaux et imprimeries de la Gironde (versement à capital réservé au nom de chaque participant, avec entrée en jouissance à partir de 60 ans).

Obliger l'ouvrier à consacrer ainsi à l'épargne le produit de la participation, c'est faire œuvre féconde évidemment, mais cette conception du devoir patronal n'est point exempte de paternalisme, de ce paternalisme qui ne va point sans autoritarisme (1) et qui, à ce titre, n'est pas sans susciter une certaine méfiance chez les ouvriers, ni sans leur rendre suspectes toutes les institutions par lesquelles il se manifeste.

Il ne faut donc pas que la réserve pour l'épargne de l'intégralité du produit de la participation, risque de compromettre les résultats de l'institution.

« Il ne faut pas, ainsi que le faisait remarquer « M. Chaix (2), que l'ouvrier n'en touchant pas chaque « année au moins quelque profit, ne croie pas à la parti-

« sentir à faire un autre emploi de la somme disponible et, notam-« ment, à la remettre en argent comptant, il n'est tenu de donner « aucun motif de ses décisions ».

(1) Cf. *supra*, p. 40, règlement Assurances générales.

(2) Mémoire présenté en 1884 au Congrès de Blois de l'Association pour le développement des sciences.

« cipation et se persuade qu'en lui gardant sa part sous
« prétexte d'épargne, on ne cherche, en réalité, qu'à l'en-
« chaîner à l'établissement et au lieu d'apprécier la par-
« ticipation il ne la regarderait ainsi qu'avec méfiance ».

Cette conviction pourra être d'autant plus facilement
la sienne que ce mode d'emploi comporte dans la majeure
partie de ses applications, une clause de déchéance —
clause que nous examinerons dans un paragraphe spécial, étant donnée son importance (1).

L'ouvrier, en général, ne considère pas assez l'avenir
pour apprécier vraiment les avantages différés — mais
pourtant certains pour lui — d'une telle façon de faire, et
ne sera-t-il pas porté à considérer qu'ainsi on le traite
« comme ces enfants à qui leurs parents montrent une
« pièce pour leurs étrennes et aussitôt la retirent en
« leur disant : tu la perdrais, je te la garderai ! » (2).

C'est pour ces considérations que beaucoup d'établissements pratiquent un système mixte : partie des parts
est payée comptant, partie capitalisée ou employée à la
constitution d'une retraite.

Ainsi, la maison Baille-Lemaire verse les 2/3 en espèces de la part annuelle, le reste étant versé au nom de
l'ouvrier à la Caisse Nationale des Retraites à capital
réservé ou aliéné au choix de celui-ci.

A la Banque Populaire de Milan, 70 % de chaque part
sont payés comptant, les 30 % restants se capitalisent sur
livrets individuels.

(1) Cf. *infrà*, paragr. 5, p. 51.
(2) Ch. GIDE, *op. cit.*

Les avantages respectifs de ces deux modes d'emploi du produit de la participation se trouvent ainsi heureusement combinés en même temps que leurs inconvénients sont en quelque sorte neutralisés.

C) Les parts de bénéfices sont employées à l'acquisition de parts de propriété de l'entreprise.

L'attribution des parts revenant aux ouvriers peut se faire enfin sous forme de parts sociales de l'entreprise, sous forme d'actions, notamment si cette dernière est une société par actions. Si les deux premiers modes d'attribution du dividende de participation assuraient à l'ouvrier soit un complément en numéraire de son salaire, soit la constitution d'un capital ou d'une pension de retraite pour ses vieux jours, ou, enfin, amélioraient sa situation présente tout en préparant son avenir, grâce à une combinaison heureuse des deux modes d'emploi, l'acquisition de parts de propriété de l'entreprise est susceptible de transformer la condition de l'ouvrier, qui, de simple participant, se trouve élevé à la dignité d'associé.

Cette conversion des parts en actions de l'entreprise, conversion laissée à la liberté de chaque participant — soit imposée pour partie, soit obligatoire pour le tout — transforme d'ailleurs la participation qui devient, dans ce système, un moyen pour l'ouvrier d'arriver à l'actionnariat capitaliste.

Aussi, en Angleterre, où cette modalité de la participation aux bénéfices a pris le plus grand développement, principalement dans les compagnies du gaz, désigne-t-on sous le nom spécial de *Copartnership* la participation aux bénéfices devant provoquer la naissance de l'actionnariat.

Il ne faut point confondre ces actions que l'ouvrier acquiert ainsi avec ses bonis de participation — comme il pourrait les acquérir en l'absence de participation, avec ses économies, — avec les *actions de travail proprement dites*, qui sont celles auxquelles l'ouvrier a droit parce qu'il représente un facteur de la production aussi important que le capital lui-même et qui lui sont attribuées gratuitement. Ces actions de travail ainsi acquises sans aucun versement de fonds ne rentrant dans aucune des catégories juridiques existantes — actions d'apport, parts de fondateur, — la loi du 26 avril 1917 a dû, sans grand succès d'ailleurs, leur donner une forme légale.

Pratiquement, la conversion des parts de **bénéfices** s'opérera de l'une des façons suivantes :

a) La totalité — ou une portion — de la part revenant à chaque ouvrier sera versée au crédit d'un compte qui lui est ouvert, et quand le montant du compte atteindra celui d'une action ou part sociale, le titulaire en deviendra détenteur.

b) Ou bien la quote-part des bénéfices attribuée au personnel sera employée en bloc à l'acquisition d'actions qui leur seront ensuite distribuées ; dans ce dernier cas l'attribution individuelle de la participation est retardée : elle est collective jusqu'à sa répartition sous formes d'actions individuelles. Ces deux systèmes n'offrent, d'ailleurs, de ce chef, aucune différence de nature.

a) Le premier système a été, tout d'abord pratiqué en

France, notamment par les maisons Laroche-Joubert et
Godin.

A la papeterie d'Angoulême, la transformation des
parts de bénéfices en part de commandite est facultative.
Lorsque le montant des économies qu'un participant a
réalisées sur ses parts atteint mille francs ou plusieurs
milliers de francs, il pourra être admis à acquérir une
ou plusieurs parts indivisibles de 1.000 francs chacune.

Au familistère de Guise, la conversion est au contraire
obligatoire.

Mais c'est en Angleterre, surtout, que la copartnership
s'est développée, principalement dans l'industrie du gaz
à la suite de la magnifique expérience faite par la « South
Metropolitan Gas Company » et dont l'histoire est trop
connue pour que nous puissions, sans redite, la retra-
cer dans les détails. Nous nous contenterons donc de
donner les quelques précisions suivantes, puisées dans
le rapport du « Board of trade » de Londres de 1920 et
concernant surtout les résultats obtenus : depuis 1910,
l'obligation est absolue pour les participants de laisser
l'intégralité de leurs parts dans le fonds social. Jusqu'alors une moitié seule de la prime était obligatoirement convertie en actions de capital, l'autre moitié pou-
vait être placée de même, laissée en dépôt productif d'intérêts ou retirée après préavis de 8 jours.

Les bénéfices distribués au personnel de 1889 à 1917,
s'élèvent à £ 771.804 (19.295.100 francs) correspondant
à une majoration de 2 1/4 à 9 3/4 % des salaires. Il n'y
a pas eu de distribution en 1918 et 1919, le prix du gaz

ayant dépassé la limite fixée (3 sh. 1 d. par 1.000 pieds cubes ou o fr. 136 par mètre cube).

A l'heure actuelle 5.400 participants possèdent en actions £ 425.000 (10.625.0000).

Au point de vue de son influence sur la gestion, le personnel représente 7 % des voix à l'assemblée générale. Sur 10 membres, le conseil d'administration en compte 3 issus du personnel, désignés par voix de suffrage, 1 parmi les employés à traitement fixe et deux parmi ceux payés à la semaine. Pour être éligible, il faut 14 ans de service et posséder depuis un an au moins un capital de £ 120 en actions de la Compagnie.

Le capital exigé du futur administrateur va croissant suivant l'importance du fonds global de participation.

b) Dans le second système, avons-nous dit, le produit de la participation n'est pas réparti individuellement, mais employé par les administrateurs de la société au rachat d'actions, rachat parfaitement légal quand il est ainsi effectué (1).

Ces actions rachetées seront remises, ensuite, aux ouvriers dans les conditions fixées par le contrat de participation.

C'est ainsi que la Compagnie des mines de Carvin distribue entre ses ouvriers et employés des 1/5 d'actions ; cette distribution s'effectue, d'ailleurs, dans des conditions très strictes : pour pouvoir y participer, il faut, tout d'abord, une durée de services de 15 ans, puis les ouvriers

---

(1) THALLER et PERCEROU, Droit commercial, n° 664 et suiv.

et employés sont classés d'après leur ancienneté, leur mérite, leur situation de famille, etc... (1).

Quels sont les avantages et les inconvénients de ce mode d'emploi ?

Les avantages en sont certains, moralement et matériellement, et se résument dans le fait que l'ouvrier devient ainsi associé, avec tous les droits et prérogatives que cette qualité comporte, de l'entrprise qui l'emploie.

Les inconvénients, par contre, de ce mode d'emploi découlent tous, également, de cette qualité d'associé acquise par l'ouvrier, qui nous apparaît ainsi, pour lui, dans une certaine mesure comme la meilleure et la pire des choses ! Convertie de cette façon en actions de l'entreprise, la part de chaque participant va se trouver exposée à tous les risques de celle-ci : associé, le participant a perdu en effet, le privilège qui lui était reconnu, comme tel, de ne point subir les pertes de l'entreprise.

N'est-ce point pour l'ouvrier acheter bien cher cette nouvelle dignité que de la payer par la perte éventuelle de tout le surcroît de rémunération que lui avait assuré la participation, n'est-il pas dangereux de vouloir l'entraîner dans tous les aléas de la vie industrielle ? (2).

Si l'objection est sérieuse elle perd, toutefois, de son importance si l'on considère qu'il ne s'agit pas pour l'ouvrier de l'emploi en parts sociales des économies qu'il a

(1) Cf. Jean GRANIER, Les actions de travail, p. 126.

(2) En ce sens notamment, communication de M. SOUCHON à la Réunion annuelle de la Société d'Economie sociale, rapportée dans le Bulletin de la participation aux bénéfices, 1907, p. 151.

pu faire sur son salaire, mais simplement de sa part dans les bénéfices éventuels de l'entreprise, du surcroît de rémunération que la participation lui assure en plus du salaire (1).

La conversion peut, en outre, être facultative, ou, si elle est obligatoire, ne porter que sur une partie du produit de la participation, l'autre partie étant susceptible de l'un des modes d'emploi que nous avons exposés plus haut : l'importance du risque couru se **trouvera** diminuée d'autant.

L'ouvrier, cependant, a une préférence marquée pour que sa part lui soit remise en argent, nous l'avons vu, et la conversion n'a vraiment réussi que dans tous les cas où elle a été rendue obligatoire : En France, par exemple, à la papeterie Laroche-Joubert où la participation aux bénéfices avec conversion facultative fonctionne depuis un demi-siècle, une petite partie du personnel seulement, recrutée presqu'exclusivement parmi le personnel supérieur, employés et contre-maîtres, a profité de cette possibilité d'accéder à la copropriété du capital de l'entreprise (2).

C'est en considération de ces inconvénients possibles de la copartnership que certaines entreprises ont créé, pour en faire remise aux participants en représentation de leurs parts, des titres spéciaux qui ne sont point représentatifs d'une quote-part du fonds social.

(1) Cf. A. TROMBERT, *op. cit.*, p. 103.
(2) Cf. Ch. GIDE, *op. cit.*, p. 295 et suiv.

La Société anonyme des anciens établissements Paillard, encres, couleurs, etc., à Paris, en même temps qu'elle établissait la participation aux bénéfices, a créé des obligations spéciales, dites « obligations de coopérateurs » : uniquement mises à la disposition du personnel de l'entreprise, elles ne peuvent être acquises par lui qu'avec les fonds provenant de la participation. En plus d'un intérêt fixe, ces titres reçoivent une part des bénéfices équivalente au dividende distribué aux actions.

Un système analogue est en vigueur à la maison Boissière et Cie, entreprise de couverture et plomberie, à Rouen : Les parts de chaque ayant droit lui sont payées moitié comptant, l'autre moitié étant portée au compte de prévoyance de l'intéressé et obligatoirement convertie en « actions d'épargne » aussitôt qu'elle atteint la somme de 100 francs. M. Boissière a, en effet, fictivement divisé le capital d'exploitation de sa maison en parts de 100 fr., et il a mis 200 de ces parts à la disposition du personnel sous le nom d' « actions d'épargne ». Les « actions d'épargne » participent pour leur valeur proportionnelle à tous les intérêts et bénéfices réservés au capital, mais elles ne prennent aucune part aux pertes.

Il ne s'agit point dans ce cas de copartnership proprement dite, c'est-à-dire d'acquisition par l'ouvrier participant d'un titre de capital lui conférant les droits y attachés, mais plutôt d'un titre d'épargne dont le revenu variable est fonction des bénéfices de l'entreprise.

Enfin, nous devons signaler également un système différant des précédents dans lequel l'acquisition d'un titre de cette nature est faite par l'ouvrier non point avec le produit d'une participation aux bénéfices, mais avec ses économies.

C'est ainsi que MM. Japy frères et Cⁱᵉ, manufacturiers à Beaucourt, ont créé un type particulier d'obligations appelé « part de participation de collaborateur », de 100 francs chacune, qui ont droit à une rémunération variable suivant le résultat des affaires sociales.

« Art. 5 du règlement : Les parts de participation de collaborateur auront droit, sous déduction des impôts résultant des lois de finances :

1°) à un intérêt de 4 1/2 % l'an payable avant tout partage des bénéfices de la société ;

2° à un *intérêt éventuel supplémentaire* de :

a) Un pour cent lorsque le dividende brut de l'exercice revenant aux actions de la société sera égal ou supérieur à trente francs par actions ;

b) Deux pour cent, pour un dividende brut par actions de trente-cinq francs et au delà ;

c) Trois pour cent, pour un dividende brut par action de quarante francs et au delà ;

d) Enfin quatre pour cent, pour un dividende brut par action égal ou supérieur à quarante-cinq francs (1) ».

Ces parts sont remboursables au pair le jour de l'expiration de la société. Elles sont insaisissables.

Une organisation analogue fonctionne depuis décembre 1919 aux Papeteries du Pont-de-Claix : trois mille obli-

____

(1) Cité par J. Granier, *op. cit.*, 28.

gations ouvrières de 100 francs chacune réservées au personnel, rapportent d'abord à leur titulaire un intérêt de 5 %, puis lui assure une participation aux bénéfices déterminée de telle sorte que le taux du revenu annuel du titre soit le même que celui des actions.

PARAGRAPHE 5 : CLAUSE DE DÉCHÉANCE ET GESTION DES FONDS

Nous avons vu les formes diverses dont est susceptible la remise aux participants de leur part, c'est-à-dire l'objet du droit qui leur est reconnu à une portion du bénéfice de l'entreprise, il nous reste à examiner la nature de ce droit. Le seul fait de la réalisation des bénéfices le rend-il définitif ou, au contraire, n'est-il pas subordonné à la condition que l'ouvrier accomplira dans l'entreprise un certain temps de services ou atteindra un âge déterminé ? En d'autres termes, la participation ne comportera-t-elle pas des conditions en vertu desquelles l'ouvrier, au lieu de se trouver nanti de sa part à titre définitif et quoiqu'il arrive, pourra se la voir enlever ?

Cette déchéance dont est frappé le participant apparaît dans toute sa gravité dans tous les cas de *participation différée* où sa part, au lieu de lui être remise à la fin de l'exercice social, est retenue en totalité ou en partie pour être affectée à l'épargne.

Dans le premier cas, en effet, si le participant perd simplement ses droits aux bénéfices de l'année au cours de laquelle il quittera l'entreprise, cette perte ne saurait être comparée à celle qu'il subira lorsque n'ayant rien touché en vue de la constitution d'un patrimoine par l'accumulation de ses parts annuelles, ce patrimoine ne lui sera pas remis.

La question de la déchéance ne se pose véritablement dans son principe même que dans tous les cas de *participation différée* et c'est dans ces conditions qu'elle a été combattue et défendue aux Congrès de 1899 et 1900.

Les deux thèses qui s'y sont affrontées, mettent nettement aux prises, comme le constate M. Cheysson (1), les deux conceptions en présence au sujet des rapports entre patrons et ouvriers : celle du patronat patriarcal, celle du patronat qu'à l'opposé nous pouvons appeler libéral.

Pour la première école, « le bon patron » qui fait avec la participation un cadeau bénévole à ses ouvriers sans leur conférer aucun droit s'estime légitimement fondé à leur dire : « Vous resterez 25, 30 ans à mon service, si vous « accomplissez telle limite d'âge, ce patrimoine, cette « rente viagère vous seront acquis; mais, dans le cas où « il vous plairait de partir plus tôt, ou bien, si j'étais « obligé de vous remercier, je retiendrais cet avantage, « non pour m'en attribuer le profit personnel mais pour « le répartir entre vos camarades et en faire bénéficier « la collectivité. » Ce même patron pensera, non moins légitimement, à son point de vue, « qu'il y aurait, comme « disait M. de Courcy, à la fois duperie et injustice à

(1) Congrès international de 1900. Compte rendu, p. 206-213.

« laisser à des employés le patrimoine bénévole que le
« patron leur a constitué quand ils vont, cédant à de blâ-
« mables surenchères, porter à des concurrents l'expé-
« rience professionnelle acquise au service de la maison. »

Le système du patronat patriarcal comporte donc pour
la participation aux bénéfices, la clause de déchéance qui
apparaît comme une conséquence logique de son esprit.

A l'opposé, le patronat libéral a une toute autre conception qui, tout en rendant hommage au paternalisme
familial de la première, estime qu'il a fait son temps
quand le personnel a pris conscience de ses droits, que
toute tutelle lui pèse, qu'il faut élever la dignité de l'ouvrier en lui constituant des droits au regard de ses devoirs.
« Donner et retenir ne vaut » : la part de bénéfices attribuée à l'ouvrier à la fin de chaque année est le résultat
de services qu'il a rendus à ce moment, quoiqu'il advienne
ensuite, elle doit lui rester acquise.

Si le participant prolonge son séjour dans la maison
il augmentera ses droits par de nouveaux services ; quant
à ceux du passé, ils lui confèrent des droits dont on ne
peut le dépouiller. L'école libérale repousse donc toute
clause de déchéance comme attentatoire aux droits et aux
libertés de l'ouvrier non moins qu'aux intérêts bien enten-
dus du patron : un bienfait qui enchaîne irrite et perd
sa valeur d'apaisement.

Le Congrès de 1889 (1) malgré une réserve transaction-

____

(1) XIIIe Résolution : Que la déchéance ne soit plus inscrite dans les
conventions relatives à la participation, le Congrès reconnaît toutefois
que l'organisation d'une caisse de prévoyance ou de retraite peut com-

nelle avait, en fait, condamné la pratique des clauses de déchéance, celui de 1900 (1) fut plus affirmatif encore.

En dehors de ces considérations, la clause de déchéance s'est vue combattue, dans le domaine pratique, par le versement du produit de la participation à la Caisse Nationale des Retraites pour la vieillesse sur un livret individuel qui est la propriété définitive de l'ouvrier : Expression d'une conception qui ne pourrait plus prévaloir au devant des idées actuelles de la classe ouvrière, la clause de déchéance ne peut que discréditer la participation aux bénéfices considérée comme mode de rétribution du travail, comme perfectionnement du salaire pur et simple.

Elle se rencontre cependant encore fréquemment et avec des modalités à peu près semblables, sauf variation en ce qui concerne l'âge et la durée des services.

A la Compagnie d'Assurances Générales, par exemple, le participant n'entrera en possession du produit de sa part qu'après 25 ans de services et 65 ans d'âge : démissionnaire ou congédié, il perd tous ses droits. Toutefois le Conseil se réserve le droit d'apprécier la gravité des torts du participant et de lui remettre une partie des fonds. Les sommes non acquises ainsi sont réparties entre tous les comptes des autres participants au prorata des sou-

porter dans l'intérêt du personnel l'application de cette déchéance, à la condition que son montant reste à la masse et que, pour éviter tout arbitraire, les cas de déchéance soient déterminés par le règlement.

(1) XVIe Résolution : Que, sauf des circonstances exceptionnelles, dont les patrons ou les sociétés restent juges sous leur responsabilité, il convient, en général, de ne pas introduire de clause de déchéance dans le contrat de participation.

mes qui y sont inscrites. Tout agent dont le compte est liquidé souscrit l'engagement d'honneur de ne point porter ses services à une autre Compagnie d'assurances sans l'autorisation écrite expresse de la compagnie (1).

A la Compagnie « l'Union », par contre, aux termes du règlement de 1891 « les livrets individuels sont tous, maintenant, l'objet d'un droit acquis, ils appartiennent à leurs titulaires en pleine propriété », toutefois, l'employé démissionnaire ne peut obtenir le paicment des sommes qui lui sont dûes qu'après un délai d'une année à partir du jour où sa démission est acceptée (art. 19). Par cette mesure, dont on peut apprécier la sagesse, on a voulu éviter au participant qui désire quitter la Compagnie, tout entraînement irréfléchi, tout départ qui n'aurait pour cause que son désir d'entrer en possession de son patrimoine pour le dilapider.

La participation différée fait aussi apparaître à côté de la question des clauses de déchéance, celle relative à la gestion des sommes qui en proviennent, jusqu'à leur remise aux ayants droit.

On rencontre dans la pratique, trois modes principaux de gestion de ces fonds :

(1) A propos de la participation différée de la Compagnie d'Assurances Générales, M. GILMANN écrit : « Cette compagnie souffrait beaucoup de la concurrence des compagnies nouvelles qui attiraient à elles ses meilleurs employés par la promesse d'un fort traitement. En 1850, M. de Courcy proposa la création d'un fonds de prévoyance dont l'effet serait de maintenir à la Compagnie tous les employés qu'elle désirait garder » (cité par SCHLOSS, *op. cit.*, p. 251, en note).

a) Les fonds restent déposés en compte courant dans la maison ; la direction les fait valoir comme elle l'entend, et leur sert un intérêt déterminé généralement de 5 ou 4 %.

b) Les fonds sont employés en titres de tout repos — rentes sur l'Etat, obligations de chemins de fer — conservés dans une banque ou dans les caisses de la maison.

c) Les fonds sont versés à la Caisse Nationale des Retraites pour la vieillesse ou dans une Compagnie d'assurances pour constitution de pensions de retraite à capital réservé ou à capital aliéné.

Les deux premiers systèmes peuvent offrir des avantages : le personnel, disait M. Goffinon, s'attachera plus étroitement aux affaires de la maison sachant que le patron gère la fortune de ses collaborateurs avec autant de vigilance que ses propres capitaux ; néanmoins, l'épargne des ouvriers se trouvera ainsi mêlée à tous les risques industriels et le fait qu'employée en titres, elle sera déposée dans une banque, n'apparaît que comme une mesure d'ordre et ne lui fait pas courir de moindres dangers que lorsqu'elle reste mêlée aux capitaux d'exploitation : La collectivité des participants n'ayant pas, en effet, la personnalité, le dépôt en banque ne peut être fait qu'au nom du patron.

Pour ces raisons, le dernier système paraît donc, à tous égards, recommandable sans compter qu'avec lui, nous l'avons vu, la question de déchéance ne se pose plus et c'est là un motif de plus en faveur de son adoption.

PARAGRAPHE 6 : CONTROLE DES COMPTES

Nous avons indiqué précédemment (1) la nécessité pour une entreprise participationniste d'énoncer, tout au moins, les bases générales qui seront suivies pour la confection de l'inventaire. Les garanties offertes ainsi aux participants se limiteront-elles là, ou ne doivent-elles pas comporter comme complément logique, la possibilité pour eux de vérifier que les règles fixées ont été réellement appliquées? Que le solde créditeur sur lequel se fait le prélèvement en leur faveur correspond bien à la situation exacte de l'entreprise ?

Principalement, quand l'exercice se clôturant en pertes et toute distribution devenant impossible, n'est-il pas naturel que les participants se demandent : « Ne sommes-nous pas frustrés ? » Laisser dans leur esprit la possibilité d'un tel doute , n'est-ce point introduire dans l'institution un germe dissolvant : « Les ouvriers croient diffi- « cilement à la participation et une des conditions abso- « lues pour les convaincre réside dans cette question du « contrôle des comptes », disait-on au Congrès de 1900 (2).

Si cette dernière paraît ainsi correspondre, tant au point de vue de l'intérêt du personnel que du bon fonctionne-

(1) *Supra*, p. 28.
(2) Compte rendu *in extenso*, p. 177.

ment de l'institution, à une nécessité (1), elle ne soulève pas moins, pour sa mise en pratique l'un des plus graves problèmes de la participation aux bénéfices et suscite du côté patronal les objections les plus graves qui soient formulées contre elle.

Le contrôle des comptes va conduire « à une ingérence indiscrète, destructive de l'autorité patronale, du bon ordre et de la discipline » (2).

« Il faut, par exemple, que dans les grands établisse-
« ments industriels, il soit possible de constituer d'im-
« portantes réserves, de manière à permettre, notam-
« ment, d'éviter les brusques variations dans le chiffre
« des dividendes. Il ne faut pas que cet acte de bonne
« administration puisse jamais être entravé par des par-
« ticipants, grands et petits, intéressés à jouir vite, à

----

(1) Et ceci, à notre sens, quelle que soit la forme de l'entreprise. Dans les sociétés anonymes, dit-on cependant, (compte rendu *in extenso*, p. 178), les participants ne sauraient se montrer plus exigeants que les actionnaires, les comptes présentés à l'assemblée générale et approuvés par eux, ont été vérifiés par les commissaires aux comptes ; ils sont donc conformes aux bases statutaires. S'il y a là une garantie pour les participants — garantie née du fait qu'une comptabilité bien tenue existe et, qu'à ce titre, ils ne rencontrent pas toujours dans une entreprise individuelle, — elle peut n'être que relative : en fait, l'intérêt des participants ne se confond pas avec celui des actionnaires, pour eux toute réduction arbitraire du bénéfice distribuable est une perte sèche alors que pour les actionnaires elle ne constitue qu'un « report à nouveau ».

(2) Cf. Gibon, La participation aux bénéfices et les difficultés présentes, p. 24-25.

« prendre leur part de tous les bénéfices extraordinaires
« d'une année heureuse » (1).

Soumettre, de plus, les comptes à une délégation d'ouvriers, peut être malveillante, en tout cas incompétente, n'est-ce point aller au devant de conflits, et même, sans formuler une hypothèse aussi pessimiste, ne résultera-t-il pas forcément de cette communication de la situation financière, de dangereuses révélations et de regrettables indiscrétions ?

Il serait difficile de réfuter en elles-mêmes ces considérations, si le point de vue duquel on les formule n'était, croyons-nous, inexact, et ce n'est que dans ces conditions qu'elles peuvent garder leur valeur.

De quoi s'agit-il en effet ? de permettre aux participants de vérifier que les comptes ont bien été établis conformément aux dispositions prévues au contrat de participation et que les différentes opérations d'établissement des parts revenant à chacun d'eux ont été faites correctement.

Une telle vérification n'implique nullement une ingérence dans l'administration de l'entreprise, une diminution de l'autorité normale du patron en ce qui touche, non seulement la conduite des opérations journalières, mais l'établissement des comptes et du bilan.

Ainsi entendu et limité à un objectif précis le « con-

____

(1) Cf. Ch. Romert, Déposition devant la Commission d'enquête extra-parlementaire des associations ouvrières, 3e partie, p. 22 et suiv.

trôle » des comptes ne semble donc nullement justifier les craintes conçues à son sujet.

En ce qui concerne, maintenant, son organisation pratique sur ces bases, à qui sera confiée cette mission précise ? A une commission prise dans le personnel ou à un tiers expert ?

Le premier système peut paraître moins recommandable que le second : il y a là tout d'abord une mission délicate qui exige non seulement une compétence difficile à rencontrer dans le personnel ouvrier (1), mais encore une liberté d'esprit qui peut ne point appartenir aux intéressés eux-mêmes ; des indiscrétions seraient, peut-être, encore à craindre et, souvent, l'ingérence possible signalée plus haut, difficile à éviter.

Aussi les Congrès de 1889 et de 1900 se sont-ils prononcés nettement en faveur du second qui paraît le mieux concilier les intérêts en présence et offrir les garanties de compétence et d'impartialité requises en pareil cas.

Ce tiers-expert désigné par les participants et agréé par le patron, ou mieux, choisi par eux sur une liste présentée par ce dernier, certifiera qu' « il a vu les comptes « et les amortissements, contrôlé les amortissements, « vérifié le capital engagé conformément à la clause des « statuts et reconnu que la part qui avait été promise a « été versée ».

____

(1) Sur les difficultés de cette mission, cf. les observations de M. CHEYSSON, compte rendu Congrès 1900, p. 177 et suiv.

Ce contrôle des comptes ainsi compris, la plupart des entreprises pratiquant la participation l'ont néanmoins formellement exclu de leur règlement. Les raisons que nous avons brièvement indiquées plus haut par lesquelles on repousse ce contrôle, quoique, croyons-nous, étrangères à la question telle qu'elle doit se poser en fait, sont toutes puissantes du côté patronal.

Nous examinerons dans le chapitre consacré à la théorie juridique de la participation les conséquences nées de cette exclusion expresse ou du silence gardé par le contrat de participation au sujet du contrôle des comptes (1)

PARAGRAPHE 7 : PARTICIPATION A LA GESTION. — CONSEILS
D'ENTREPRISE.

« Un certain nombre d'entreprises, notamment les
« Compagnies d'assurances ont réservé à la direction
« seule la gestion des intérêts de la participation, l'appli-
« cation des règlements. D'autres établissements, au
« contraire, en assez grand nombre, ont institué des
« comités consultatifs dont les membres choisis au sein
« du personnel délibèrent avec le chef de la maison sur
« les améliorations dont le fonctionnement de la caisse
« de participation peut être susceptible, sur l'Adminis-
« tration des œuvres de prévoyance, la liquidation des
« comptes, véritables conseils de famille, ces conseils
apportent un concours excellent ».

(1) Cf. infrà, chap. IV, p. 123.

Telle est résumée par M. Trombert (1) la situation générale en ce qui concerne les conseils du personnel qui peuvent constituer l'un des rouages de la participation aux bénéfices conformément au vœu du Congrès de 1900 : « que toutes les maisons pratiquant la parti-
« cipation aux bénéfices soient pourvues d'un comité de
« conciliation, que ce comité consultatif composé d'ou-
« vriers et d'employés désignés par le patron, admis
« de droit en raison de leur ancienneté ou de leurs
« fonctions ou élus par le personnel, doit être présidé
« par le patron ».

La pensée du congrès se trouve développée dans le rapport de M. Beudin (2) qui affirmait l'impérieuse nécessité de réglementer les pouvoirs à accorder à ces comités pour que leurs avantages espérés ne se changent pas en désastre. Ces attributions se grouperaient autour des trois ordres d'idées suivants :

a) pouvoir disciplinaire (mais au premier degré seulement et à charge d'appel au patron) ;

b) Pouvoir de recruter le personnel ouvrier ;

c) Droits d'ingérence dans l'Administration et la réglementation intérieure, à titre purement consultatif toutefois; car, ajoutait le rapporteur, « il y a là une question
« de vie ou de mort pour l'industriel qui, sous couleur
« de coopération, s'oublierait jusqu'à se faire l'exécuteur
« des volontés d'un comité irresponsable et incompétent
« dans la plupart des cas ».

(1) *Op. cit.*, p. 89.
(2) Congrès 1900. Compte rendu *in extenso*, p. 161.

En fait, ces « Comités consultatifs », ces « Conseils de famille » n'ont jamais dans les applications existantes de la participation aux bénéfices que constitué une exception — M. Trombert en cite 24 seulement dans son Guide Pratique, édit. de 1912 — et leurs attributions sont-elles des plus modestes.

Le développement de l'institution paraît cependant devoir être utilement lié à cette question de la participation à la gestion qui est aujourd'hui la grande préoccupation de la classe ouvrière : « Sans doute la participa-« tion aux bénéfices n'implique pas la participation à « la gestion mais, pourtant, l'une et l'autre se complète-« raient assez bien » (1).

On trouve, en effet, liées les deux questions dans les dernières manifestations en faveur de la participation aux bénéfices.

Au Congrès pour l'étude de la participation tenu à Lyon les 1er et 2 octobre 1920 et organisé par l'Union fraternelle des employés du commerce et de l'industrie, M. Godard se demandait si l'heure de la participation pure et simple n'était pas passée : « Ce qui s'observe un peu partout (Angleterre, Allemagne, Italie) montre que les travailleurs sont moins soucieux de toucher quelques centaines de francs de plus que d'établir entre les divers éléments producteurs de meilleures relations ». Un congressiste déclarait, plus explicitement : « Pour « nous, il s'agit moins de la participation aux bénéfices,

(1) Ch. GIDE, *op. cit.*, p. 389.

« que d'un déplacement de l'autorité, ce déplacement
« doit se faire par paliers. Nous voulons être associés
« aux responsabilités et aux soucis de l'entreprise » (1).

Quelques mois, plus tard, la question de la participation aux bénéfices ayant été inscrite au programme
de la 7e Assemblée générale de la conférence parlementaire internationale du commerce sur la proposition du
Comité parlementaire français du commerce, qui fut
chargé du rapport dont il confia la rédaction à M. Godard,
celui-ci proposa une résolution ainsi conçue :

« La création de conseils mixtes est désirable dans
« toute entreprise industrielle et commerciale, organes
« de documentation réciproque, ils rapprochent dans
« une plus complète connaissance de l'affaire et d'eux-
« mêmes, ceux qui, à tous les degrés, participent à la
prospérité de cette dernière ». Le comité estima toutefois que la question des conseils mixtes ne devait pas
être abordée à Lisbonne et M. Godard retira sa collaboration (2).

Participation aux bénéfices et participation à la gestion
poursuivent, en effet, le même but de coopération, de
loyale collaboration entre les deux facteurs de la production. Ce but, la seconde se propose de l'atteindre en
dehors de tout caractère utilitaire en intéressant l'ouvrier

____

(1) Rapporté au Bulletin de la participation, 1920, p. 148.

(2) L'enquête faite à ce moment par le Comité auprès des milieux
patronaux révéla que ceux qui acceptent la participation repoussent
catégoriquement tout ce qui ressemble au contrôle ouvrier. Cf. R.
PICARD, Le contrôle ouvrier sur la gestion des entreprises, p. 28-29.

à la marche de l'entreprise en ne le considérant plus comme un simple rouage borné à l'accomplissement de sa tâche, mais comme un homme dont le concours sera plus actif et dévoué si son horizon s'élargit, si on le met à même d'avoir une vision synthétique du fonctionnement de l'établissement.

La participation aux bénéfices, elle, présente un caractère utilitaire : en associant l'ouvrier aux résultats financiers de l'entreprise elle entend avant tout améliorer sa rémunération en fonction de la prospérité de l'établissement. Être associé aux résultats n'est-ce point, toutefois, devoir être associé, dans une certaine mesure tout au moins, à l'obtention de ces résultats ?

Ces considérations nous amènent ainsi à rappeler brièvement (1) quelle est, en France tout au moins, la nature de cette participation à la gestion, de ce contrôle ouvrier et son contenu, pour examiner dans quelles conditions il peut apparaître comme un complément utile de la participation aux bénéfices.

Nous ferons appel pour cette brève analyse, principalement, au projet élaboré en 1919-1920 par l'Association française pour la protection légale des travailleurs, non que ce projet représentatif de l'opinion d'une association composée d'éléments divers mais généralement modérés, ait trouvé un accueil particulièrement favorable dans les milieux intéressés : mais parce que, dans l'ensemble, il

____

(1) Il ne saurait, en effet, être question d'aborder ici dans son ensemble la délicate question du contrôle ouvrier.

nous paraît présenter une base de discussion, également éloignée des conceptions extrémistes des milieux ouvriers — qui le trouvent trop modéré — et patronaux — qui repoussent tout ce qui ressemble au contrôle ouvrier.

Que faut-il entendre exactement par participation des travailleurs à la gestion des entreprises, par contrôle ouvrier ?

Il y a « contrôle ouvrier » quand les délégués du per-
« sonnel salarié participent à la gestion quotidienne, par-
« tagent avec les patrons le pouvoir de décision, possè-
« dent voix consultative ou délibérative dans les conseils
« directeurs de l'entreprise et font, en somme, que le
« gouvernement de cette entreprise tienne compte du
« consentement des gouvernés... Le contrôle ouvrier ne
« signifie pas seulement que le personnel d'un établisse-
« ment possédera le droit de regard, la faculté de se
« documenter sur ce qui s'y passe, il ne lui donne pas
« seulement la faculté de présenter des doléances ou des
« vœux... Par contre, il ne signifie pas davantage que
« les ouvriers vont se substituer aux patrons, leur dic-
« ter leurs volontés et installer la dictature du proléta-
« riat là où régnait l'autocratie du chef d'entreprise » (1).

Somme toute, le problème consiste à établir une coo-pération ininterrompue entre la direction et les travail-leurs d'une entreprise donnée. Cette coopération se réa-lisera dans sa forme la plus simple par des comités mixtes constitués par des représentants de la direction et des

(1) R. PICARD, *op. cit.*, p. 32 et 34.

représentants des ouvriers dont l'action, la constitution, le fonctionnement et les attributions peuvent ainsi se résumer tant d'après les vœux adoptés par l'Association française pour la protection légale des travailleurs que d'après la discussion ouverte à leur sujet (1).

L'action, tout d'abord, de tels comités ne peut donner de résultats que si les délégués des travailleurs qui les composent ont la compréhension de leur rôle et considèrent, en particulier, que pour contribuer à la marche de l'entreprise et à sa prospérité, et cela, dans leur propre intérêt, ils ne peuvent abuser de leur présence au Comité mixte pour paralyser la direction par des récriminations contre les décisions prises, les conditions de travail, se faire les porte-paroles et les défenseurs de réclamations systématiques et injustes.

Cette nécessité d'un « bon esprit », d'une « éducation sociale » suffisante des travailleurs — et nous ajouterons aussi des patrons — nous la trouvons d'ailleurs comme condition première de toutes les institutions qui ont pour but d'assurer la coopération et la bonne entente des deux facteurs de la production !

En ce qui concerne la constitution même du comité, une question délicate se pose. Les délégués seront-ils élus par les employés et ouvriers de l'entreprise ou choisis par le syndicat ouvriers de la profession ?

(1) Cf. La part du travail dans la gestion des entreprises, par François FAGNOT, chef des enquêtes de l'Office du travail. Compte rendu des discussions, vœux adoptés.

C'est à cette dernière solution que donne ses préférences le vœu B : « Les représentants du personnel « devraient, à défaut d'accord entre l'établissement et « ses ouvriers, être élus pour deux ans par les ouvriers « et employés de l'établissement dans des formes et conditions analogues à celles qui sont prescrites par « l'article 5 de la loi du 17 juillet 1908 sur les conseils « consultatifs du travail. Les représentants du personnel « devront faire partie de l'établissement depuis 2 ans « au moins ».

Le rapporteur observait, également, en faveur de ce mode de procéder « qu'il y a lieu de penser que, en dehors de quelques exceptions, la généralité des employeurs opposerait la force d'inertie contre la réforme, si le syndicat ouvrier avait qualité pour choisir les délégués du personnel de chaque entreprise ». Cette attitude patronale s'explique fort bien par suite de la position prise par les syndicats ouvriers qui représentent ouvertement ces comités comme devant préparer l'expulsion des patrons au profit d'un état révolutionnaire (1).

Cette attitude, il faut le reconnaître, ouvre de bien fâcheuses perspectives sur la façon dont les délégués du personnel, émanations du syndicat, comprendraient leur rôle de collaboration et de paix sociale !

Pendant la guerre, un décret du 17 janvier 1917, rendu

(1) Cf. notamment : Projet de la Fédération des métaux : Commissions syndicales de contrôle et d'application des conventions du travail, (*Le Temps*, 9, III, 21). — Projet des Comités syndicalistes révolutionnaires (*Journée Industrielle*, 3 août 1921).

sur la proposition de M. Thomas, ministre de l'armement, a décidé la création de comités permanents de conciliation et d'arbitrage dans les établissements privés exécutant les commandes de matériel de guerre (1).

L'institution de délégués du personnel ou délégués d'ateliers a fait l'objet, entre février et septembre 1917, de circulaires du ministre de l'armement ; l'une d'elle, du 5 septembre 1917, définit ainsi le rôle et les attributions de ces délégués élus par le personnel de l'usine et non choisis par le syndicat : « Dans les milieux ouvriers, « le délégué d'atelier est souvent considéré comme un « véritable mandataire du syndicat... Cette commission « de délégués jouerait, en somme, vis-à-vis de l'industriel « le rôle d'une délégation syndicale. Il y aurait, à mon « sens, un grave danger à donner d'emblée ce caractère « à l'institution des délégués. Loin de réaliser le déve- « loppement des rapports de confiance dans l'intérieur « de l'usine, elle irait à l'encontre du bon fonctionnement « et du développement des institutions syndicales qui ont « leur rôle comme les délégués d'atelier ont le leur. » Ces raisons d'exclure, conformes à celles déjà indiquée, de la formation du Comité mixte toute ingérance syndicale extérieure à l'usine, prennent toute leur valeur sous la plume de l'actuel directeur du Bureau International du Travail.

La thèse opposée, malgré l'exemple fourni par le sys-

---

(1) Ministère de l'armement. Règlement des différends du travail dans les usines de guerre (1918).

tème anglais des Comités Withley qui repose sur les syndicats patronaux et ouvriers, ne nous semble pas susceptible d'être adoptée en France.

Le Comité mixte, ainsi constitué au sein même de l'usine, sans aucune intervention extérieure, se réunit une fois par mois ; il peut être convoqué extraordinairement sur la demande écrite du tiers au moins d'une des parties ; les procès-verbaux n'en seront dressés obligatoirement que lorsque des décisions seront prises par le Comité ; ils ne contiendront que l'énoncé de ces décisions. Les communications portant sur les questions techniques et commerciales ne peuvent être publiées comme annexes des procès-verbaux qu'avec l'autorisation du chef d'entreprise (vœu C).

Nous en arrivons, maintenant, à la question délicate entre toutes des attributions du Comité mixte : s'il est relativement facile de les délimiter théoriquement, la fixation pratique n'en est pas aussi aisée, c'est, surtout, une question de bonne foi pour les deux parties.

Le Comité mixte doit, en tout cas, respecter l'indépendance du chef d'entreprise dans le domaine financier, comme sauvegarder son autorité sur le personnel. En s'inspirant de ces nécessités le vœu D adopté comprend une partie positive et une partie négative. Dans la première il énumère les questions qui seront de la compétence du Comité : questions techniques et commerciales et questions ouvrières proprement dites comprenant le statut du personnel ; dans la seconde, au contraire, celles qui ne doivent pas être discutées par lui comme pouvant présenter de réels inconvénients pour la bonne marche des entreprises ; ces questions sont de deux ordres : la gestion financière et l'embauchage et le renvoi du personnel.

Les questions techniques et commerciales sont limitées comme suit : modifications des méthodes et procédés de travail, installation et transformation de l'outillage, encouragements aux inventions utiles à l'industrie exercée ; mesures propres à développer le rendement de l'entreprise et la vente de ses produits à l'intérieur, aux colonies et à l'étranger ; problèmes de la concurrence intérieure et étrangère ; étude des débouchés nouveaux ; questions douanières.

Les questions ouvrières sont limitées comme suit :

a) Taux minimum des salaires ou traitements ; tarifs de travaux aux pièces ou à la tâche ; indemnités pour travaux supplémentaires, primes à la production, primes d'économie des matières premières ou des fournitures, primes pour l'entretien de l'outillage, indemnité pour charges de famille, ancienneté, etc.;

b) Durée de la journée de travail ; repos quotidiens et repos du dimanche ; organisation du travail par équipes successives ;

c) Règles disciplinaires et règlement d'atelier ; délai, congé ; surveillance technique et morale des apprentis ; hygiène et sécurité dans l'établissement ; institutions propres à accroître le bien être du personnel ; régime de la main-d'œuvre coloniale ou étrangère dans l'établissement ;

d) Questions relatives au rendement de la main-d'œuvre ;

e) Mesures relatives à l'exécution des conventions collectives de travail définies par la loi du 25 mars 1919 et dans lesquelles l'entreprise est partie. ;

f) Examen des réclamations écrites du personnel lorsqu'elles sont de la compétence du Comité mixte ; examen des différends d'ordre collectif et, si possible, règlement amiables de ces différends.

Les questions financières de l'entreprise n'entrent pas dans les attributions du Comité mixte et, par suite, ce dernier n'a pas qualité pour traiter notamment les questions suivantes :

a) Capital engagé dans l'entreprise sous une forme quelconque ; prix d'achat des matières, outillage et fournitures ; prix de vente des produits ; résultats financiers, bilans ou situations ; répartition des profits ; mesures propres à compenser ou à supporter les pertes ; frais généraux ; affaires litigieuses ou contentieuses ; choix des clients ;

b) Traitements des chefs de service, employés supérieurs ou subalternes ; augmentation ou diminution du salaire ou traitement des chefs, employés ou ouvriers, lorsque les mesures prises n'affectent pas les taux minima visés ci-dessus.

Les questions suivantes n'entrent pas dans les attributions du Comité mixte : nomination aux emplois de directeur, chef de service, représentant, ingénieur... d'une manière générale toute question relative, soit à la conclusion soit à la rupture du contrat individuel de travail.

La réforme est complétée par un organe professionnel régional, qui sera le Comité consultatif du travail prévu par la loi du 17 juillet 1908, auquel seront soumises par l'une des parties, les questions *ouvrières* énumérées au vœu D et non réglées par le Comité mixte. Son application est confiée à la bonne volonté des chefs d'entreprise, la loi doit se borner à régler la constitution, le fonctionnement et les attributions des Comités mixtes, qui seraient, toutefois, obligatoires pour les concessionnaires de l'Etat, des départements et des communes et les entreprises subventionnées par l'Etat, les départements et les communes.

Cette participation ouvrière à la gestion de l'entreprise concrétisée dans ses grandes lignes dans les dispositions du projet que nous venons de résumer, il nous faut examiner son fonctionnement concurremment avec la participation aux bénéfices.

Si les attributions données au Conseil mixte, en ce qui concerne les questions techniques commerciales et ouvrières, n'auront pas à être modifiées pour les mettre en harmonie avec les dispositions régissant le fonctionnement de la participation aux bénéfices, le problème n'est pas aussi simple en ce qui concerne les questions financières.

Dès lors qu'un comité ouvrier a été constitué dans l'établissement participationniste n'est-il pas naturel, en effet, que parmi ses attributions figurent également toutes questions relatives au fonctionnement de la **participation** et principalement celles concernant le contrôle des comptes, contrairement au paragraphe *a* du vœu D, qui excluait formellement toute intervention du Comité en matière financière ?

La discussion instaurée à propos du vœu D, les **préoc**-cupations qui s'y sont fait jour et qui sont exactement les mêmes que celles que nous avons rencontrées à propos du contrôle des comptes (1), les limites précises qui ont été posées aux conditions d'exercice de ce dernier en vue d'y répondre, toute en sauvegardant les intérêts des participants, permettent, croyons-nous, de donner une conclusion toute différente.

L'application de la participation aux bénéfices concurremment à une participation à la gestion exercée par des Comités mixtes ne comporte donc nullement en elle-même une extension des pouvoirs de ces derniers en matière financière, rien ne s'oppose à ce que le contrôle des comptes n'y ait pas lieu encore dans les conditions que nous avons indiquées plus haut par un tiers arbitre offrant toutes garanties de compétence, d'impartialité et de discrétion.

Ce n'est pas dire que le bon fonctionnement des **Comités** mixtes sur les bases indiquées, en faisant acquérir au personnel les connaissances économiques qui lui **manquent** actuellement, en contribuant aux bons rapports entre le

____
(1) *Suprà*, p. 57.

chef d'entreprise et ses ouvriers, ne permette de les admettre ultérieurement à exercer eux-mêmes ce contrôle des comptes et, plus généralement, à prendre part à l'examen des questions financières que pose la gestion d'une entreprise.

En résumé; participation aux bénéfices et participation à la gestion poursuivant le même but de collaboration et de paix sociale, également soucieuses dans leur modalités d'application de sauvegarder les légitimes prérogatives du chef d'entreprise, mais exigeant, aussi, pour donner de bons résultats, la réalisation des mêmes conditions « morales » se complètent parfaitement sans que l'application simultanée de ces deux institutions entraîne, pour l'une ou pour l'autre, des modifications dans leur fonctionnement propre.

CHAPITRE III

La participation au point de vue économique et social

———

La participation aux bénéfices ne nous est apparue encore que dans ses différentes modalités d'application, il nous faut, maintenant, l'examiner dans ses résultats en exposant ses avantages, comme aussi ses inconvénients possibles résumés dans les objections qu'on formule contre elle.

Les applications, qui en ont été faites offrant, à côté de résultats certains, d'incontestables échecs, un regard jeté sur les données fournies à ce sujet par les statistiques constituera, ensuite, la meilleure conclusion de cette partie de notre étude.

PARAGRAPHE 1 : LES AVANTAGES.

Economiquement, le salariat pur et simple n'est pas de nature à développer, comme il en est plus que jamais nécessaire, la production. Il désintéresse complètement l'ouvrier de la réussite de l'entreprise où il travaille puisqu'il n'aura rien à prétendre sur les bénéfices qu'elle réalisera. Il ne cherchera nullement à utiliser au mieux ses facultés productives et ne travaillera que dans la mesure strictement nécessaire pour n'être point congédié (1).

C'est en vue de remédier à cet état de choses que l'on s'est efforcé de stimuler l'activité de l'ouvrier en rémunérant spécialement les qualités mises en œuvre par lui. Ainsi, les différents modes de primes à la production, à l'économie des objets fabriqués, à leur qualité etc., constituent un incontestable perfectionnement du contrat de travail (2).

Cependant, ils n'agissent jamais que sur un des facteurs de la productivité à la fois et, parfois, au détriment des autres (Le salaire aux pièces, par exemple, développera la quantité au détriment de la qualité, occasionnera un gaspillage de matières premières). De plus, l'on ne saurait trop les développer : sans parler des difficultés pratiques de leur fonctionnement, l'usage exclusif des primes individuelles arrive à isoler à l'excès les intérêts de chacun des ouvriers, à séparer les collaborateurs d'une tâche commune et à agir comme une force centrifuge au sein des ateliers.

Socialement, le régime du salaire pur et simple — même perfectionné par les primes rappelées plus haut —

(1) Cf. Ch. Gide, Cours Economie politique, p. 460 et suiv.

(2) Grâce auquel, suivant M. Ch. Robert, les vêtements sur mesure prennent ainsi la place d'habits de même grandeur distribués à des hommes de taille différente.

créé un conflit d'intérêts trop certain entre employeur et employé qui, trop souvent, nous apparaissent « comme « deux personnages dressés l'un contre l'autre dans une « attitude de mutuel défi et pourtant ne pouvant se « passer l'un de l'autre et comme rivés ensemble par une « chaîne de fer » (1).

A l'encontre de cet état de choses, quels remèdes peut apporter la participation aux bénéfices ?

Mode de rémunération du travail en vertu duquel l'ouvrier reçoit en plus de son salaire normal une part dans les bénéfices de l'entreprise, elle fait ainsi varier le prix du travail en fonction du profit réalisé.

On ne saurait mieux intéresser directement l'ouvrier aux résultats commerciaux de l'entreprise qui l'emploie ni stimuler plus efficacement ses qualités productives en vue de la meilleure utilisation effective des heures de travail. Portion du bénéfice net, c'est-à-dire, en définitive, de la différence entre le prix de vente et le prix de revient, la part qui, en fin d'année, sera attribuée à l'ouvrier sera la résultante de tous les éléments de productivité dont la mise en œuvre heureuse a fait la prospérité de l'entreprise. Aucun système de primes, si compliqué qu'il soit, ne saurait atteindre ce résultat d'harmoniser en quelque sorte l'excitation productive et d'atteindre un ensemble de services, matériels et moraux, qui échappent, en fait, à tout contrôle comme à toute rémunératoin spéciale.

Là ne se bornent pas les avantages que peut présenter

____

(1) Ch. GIDE, *loc. cit.*

la participation : la productivité de chaque travailleur, son concours vraiment utile à l'œuvre commune, elle les stimule non seulement matériellement, mais psychologiquement encore, et cela dans des conditions excessivement favorables dont la répercussion sociale ne peut manquer d'être profonde et durable.

L'ouvrier participant n'est plus un simple instrument de production, il devient un collaborateur, intéressé aux résultats de l'entreprise, il se préoccupera d'assurer la marche journalière de l'entreprise, il apprendra à discerner les différents éléments qui concourrent aux bénéfices, comme la part contributive des efforts de chacun à l'œuvre commune. Main-d'œuvre, matières premières, intérêts du capital, bâtiments et outillage, amortissements, — autant de notions jusqu'alors inconnues de lui qui se dessineront dans son esprit à leur place respective, avec leur valeur et leur significations vraies, y provoqueront des comparaisons fécondes. Appelé au partage des bénéfices, il se rendra compte enfin que l'importance qu'il leur attribuait à distance résidait, le plus souvent, surtout dans l'idée qu'il s'en faisait et dans son ignorance des nécessités et des charges qui grèvent les entreprises les plus prospères. La part de bénéfices remise à l'ouvrier ne manquera pas de donner satisfaction à cette idée confuse, mais combien tenace, qu'ainsi est reconnu son droit à une portion de la richesse produite grâce à sa collaboration. Et, dans les années déficitaires, l'absence de toute distribution lui fera mieux apercevoir encore le caractère aléatoire des profits industriels et commerciaux et le petit nombre des entreprises capitalistes dont la réussite ne connaît point de défaillances.

La fausse compréhension qu'ont les ouvriers de la gestion des affaires sociales est l'un des grands facteurs du malaise social ; ils ont la conviction que les bénéfices se gagnent le plus aisément du monde. Le régime qui leur permettra d'être mis en face de la réalité sera donc particulièrement bienfaisant.

N'y a-t-il point là une amélioration possible et efficace de la « question sociale » qui réside toute entière dans l'antagonisme né du salaire forfaitaire et des relations d'acheteur et vendeur de travail qu'il entretient entre employés et employeurs, entre ces collaborateurs d'une œuvre commune qui prétendent malgré tout s'ignorer, se confiner dans un idéal médiocre de paix armée — et précaire ! Chacun cherchant à réduire au minimum la prestation promise.

Amendant le forfait du salaire par une association aux résultats de ceux qui furent associés à la production, la participation aux bénéfices présenterait donc bien les avantages économiques et sociaux que l'on doit trouver dans tout mode de rémunération du travail. Ces avantages qui, pour résumer les considérations générales qui précèdent, consistent essentiellement :

pour l'employeur, dans l'accroissement de la production assurée tant par la bonne exécution du travail que par l'amélioration générale de la marche de l'entreprise dans une atmosphère de paix ;

pour l'ouvrier, dans la possibilité de toucher aussi

intégralement que possible le prix de ses efforts et d'améliorer sa condition par son émancipation graduelle, son relèvement social.

Tels sont les avantages *possibles* de la participation aux bénéfices, il s'en faut qu'ils soient reconnus unanimement. Les critiques et les objections ne manquent pas ; sans avoir la prétention de les produire toutes, nous examinerons celles qui sont, à notre sens, les plus marquantes au point de vue des intéressés. Nous montrerons qu'elles ne sauraient être retenues comme prohibitives, qu'elles ont toutes, principalement, pour origine et pour raison d'être l'atmosphère de méfiance et d'hostilité qui entoure la participation — aussi bien du côté patronal que du côté ouvrier.

PARAGRAPHE 2 : LES INCONVÉNIENTS.

Du côté patronal, l'objection la plus courante est, sans contredit, celle-ci : Il n'est pas admissible qu'une participation aux bénéfices n'ait pas pour contre-partie une participation aux pertes.

Il est bon de rappeler, tout d'abord, que cette objection n'a jamais été soulevée quand il s'agit d'employés supérieurs, — directeurs, surveillants, contre-maîtres, chefs d'atelier — qui reçoivent dans beaucoup de maisons, en sus de leur traitement, un tantième des bénéfices. Ces derniers, cependant, ne rapportent jamais dans les années de déficit ce qu'ils ont touché pendant les bonnes, et participent, ou ne participent pas, aux pertes exactement dans les mêmes conditions que les participants ouvriers. Pourquoi faire une différence entre ces deux applications d'une même méthode, la participation aux bénéfices, et faire grief à l'une de ce qu'on ne songe nullement à reprocher à l'autre, sinon simplement parce que la personne du participant a changé, ce qui n'est pas explicable logiquement. « Ce qui est juste pour l'état-major l'est aussi pour l'armée entière », disait M. Ch. Robert (1).

Indépendamment de cette considération, cet argument fameux de la non-participation aux pertes, ne repose-t-il pas sur un ensemble de fictions ? Comme le fait remarquer M. Waxweiler (2), dans le système de la participation aux bénéfices, l'ouvrier participe tout autant ou tout aussi peu aux pertes que dans n'importe quel autre système de rémunération, le salaire pur et simple compris. Sous ce dernier régime, en effet, lorsque les affaires ne vont pas, la rétribution du travail n'en subit-elle pas le contre-coup, le salaire ne baisse-t-il pas ? Sous le régime participationniste le contre-coup de la dépréciation du produit se traduit d'abord, par le gain d'une somme moindre lorsque le bénéfice est simplement réduit, puis par l'absence totale de rémunération supplémentaire lorsque le bénéfice est nul.

Dans ce cas, même, M. Schloss, estime « que la prime

<hr>

(1) Congrès de 1889. Compte rendu *in extenso*, p. 277.
(2) *Op. cit.*, p. 148.

« n'étant pas un don gratuit, mais un contrat *do ut des*,
« si, à une époque de pertes, le patron continue à tou-
« cher son dû sous forme d'un zèle particulier, comme
« le patron ne paye rien en retour les ouvriers partici-
« pent, dans cette mesure, aux pertes de la maison et,
« ajoute-t-il, si nous nous souvenons que suivant M. Sed-
« ley Taylor (Report of industrial remuneration confe-
« rence, p. 256) : « l'espoir que l'intérêt pour le résultat
« final stimulera les ouvriers à de nouveaux efforts et
« ouvrira ainsi une source toute nouvelle de profits, est
« la base économique de la participation », il ne paraît
« guère possible d'affirmer qu'à la participation aux
« bénéfices doit correspondre une participation aux
« pertes » (1).

Mais la grande crainte est surtout que la participation
ait pour conséquence directe une ingérence du personnel
dans la marche de l'entreprise, destructive de l'autorité
patronale du bon ordre et de la discipline, ingérence dont
le contrôle des comptes constituera le premier pas et le
plus dangereux.

Ce que nous avons dit à ce sujet (2) nous dispense
d'exposer à nouveau ici, les raisons qui nous ont permis

(1) SCHLOSS, *op. cit.*, p. 252. D'après le même auteur, il ne faudrait,
toujours pour être équitable, prendre des mesures pour que les ouvriers
participent aux pertes que si l'on considère la participation non pas
comme un système où la promesse d'une prime provoque un zèle particulier mais comme un système où le patron n'entend faire à ses ouvriers
qu'un don purement gracieux.

(2) *Supra*, chap. II, p. 57.

d'affirmer qu'il y avait ici encore une vue inexacte et pessimiste de la question.

Les craintes qui pourraient être conçues de ce chef ne semblent pas fondées et les entraves possibles que susciterait ainsi la participation à la bonne marche des entreprises ne sauraient se produire que par suite d'une mauvaise organisation de celle-ci.

Du côté ouvrier, on trouve contre la participation une incontestable hostilité qu'on ne saurait nier (1) et qui tient à des causes multiples. Les unes sont, en quelque sorte, des raisons de principe.

Si l'ouvrier est socialiste, le profit est pour lui nécessairement et par définition du travail non payé, par conséquent le produit d'un vol commis à ses dépens par le patron : « Accepter la participation, c'est se rendre complice de ce vol ou le justifier » (2).

Simplement syndicaliste, l'ouvrier ne verra dans la participation qu'un moyen de le détacher de son syndicat

(1) M. GODARD déclarait, au Congrès de Lyon, d'après les réponses reçues par la Commission du Travail à son questionnaire : « Les organisations ouvrières affiliées ou non à la C. G. T. majoritaire ou minoritaire ont, toutes, répondu négativement, considérant le profit du capital comme absolument illégitime elles n'entendent nullement le partager mais c supprimer au profit de la collectivité. (Bartuel, secrétaire général de la Fédération du sous-sol : « Vous parlez de la collaboration du Travail et du Capital, vous confondez, sans doute ! Nous ne voulons pas collaborer avec les capitalistes »).

Cf. également « Du profit patronal chiffré à propos d'une expérience de participation aux bénéfices » *Humanité*, 20 décembre 1920.

(2) Ch. GIDE, Institutions du progrès social, p. 111,

et de faire tomber par là même les revendications que ce dernier l'aide à faire triompher. Il est, naturellement, entretenu soigneusement dans cette manière de voir par le Syndicat et l'on ne saurait s'en étonner, puisque le syndicat devenu l'instrument par excellence de la « lutte des classes » a sa base dans l'idée que les ouvriers d'une même industrie qu'il groupe ont des intérêts solidaires à défendre contre l'ensemble des patrons de cette industrie. En associant l'ouvrier aux résultats de l'entreprise qui l'emploie la participation le fait marcher, dans une certaine mesure, contre les entreprises rivales — patrons et ouvriers. Elle réalise, en ceci, la prédiction de Stanley Jevons : « La doctrine actuelle est que les intérêts de « l'ouvrier sont soudés à ceux des autres ouvriers, et les « intérêts de l'employeur à ceux des autres employeurs. « Un jour viendra où l'on s'apercevra que la division « doit être verticale au lieu d'horizontale. Les intérêts de « l'ouvrier seront liés à ceux de son employeur et seront « mis en concurrence avec ceux des autres ouvriers et des « autres employeurs » (1).

Ce résultat, en admettant que la participation aux bénéfices y conduise, est-il de nature à porter ombrage au syndicat, tel que l'avait conçu le législateur de 1884, c'est-à-dire comme un instrument de pacification destiné par la force du groupement à corriger l'inégalité trop certaine qui existait entre le patron et l'ouvrier isolé cherchant le travail qui assurera sa sub-

_____

(1) Stanley Jevons, L'Etat dans ses relations avec le travail.

sistance et celle des siens, en même temps qu'il assurerait la défense des intérêts généraux de la profession dont il constituerait le représentant ? Ainsi compris, le syndicat ne saurait prendre ombrage d'une institution qui, en fin de compte, n'a pour but que d'améliorer la situation matérielle et morale de l'ouvrier.

Simple groupement corporatif et non point de luttes et de désordres, il ne devrait pas avoir à redouter que la bonne entente régnât dans l'usine. Il lui reste, en effet, un grand rôle à jouer — rôle de paix et d'ordre — en répudiant absolument l'idée qu'il ne peut retenir ses adhérents qu'en les entretenant dans la haine et la méfiance de l'employeur. Le syndicat n'a rien à craindre d'applications loyales de la participation ; celle-ci ne supprime pas le salaire, l'action syndicale demeurera donc opportune pour la fixation de ce dernier et indispensable pour la protection des intérêts divers de l'ouvrier (caisses de secours, apprentissage, etc.).

En dehors de ces raisons de principe, l'ouvrier peut craindre également — en admettant qu'il ne soit ni socialiste ni syndicaliste — que par la participation on veuille, simplement, obtenir de lui un supplément de travail en échange certes, d'un supplément de rémunération, mais cette dernière ne serait, en définitive qu'un mirage trompeur : l'offre et la demande agissant sur le marché du travail, le taux général des salaires des participants baisserait d'une fraction égale au montant des parts allouées.

Il ne semble pas, ici encore, que pareille éventualité soit à redouter : tout d'abord, dans tous les cas et pour tout le temps où la participation ne sera appliquée pour chaque industrie que dans un petit nombre d'entreprises, les ouvriers se contenteraient difficilement de toucher un salaire moindre que leurs compagnons des établissements similaires non participationnistes.

Toute expérience tentée dans des conditions telles que la part revenant à chaque ouvrier n'ait pour résultat que de porter simplement sa rémunération totale au taux de celle qu'il toucherait dans une entreprise non participationniste est vouée d'avance à l'insuccès et ne saurait, en conséquence, être retenue comme une application sérieuse et normale de la participation dont on puisse tirer argument (1).

Si la participation, contrairement à l'hypothèse précédente, s'étendait à un grand nombre d'entreprises, il se produirait, peut-être, une stabilisation de l'élément fixe du salaire. Ce résultat ne semble pas, d'ailleurs, devoir être désavantageux aux travailleurs, cet élément fixe correspondant au salaire normal de la profession à une époque donnée. Déterminé, le cas échéant, avec l'appui des organisations syndicales, il représentera pour l'ouvrier une rémunération destinée à subvenir à ses frais normaux d'entretien — living wage —. La part de bénéfices, mesure

(1) « Comme il est inexact de prétendre que 'a théorie de la parti- « cipation prévoit que la part d'un ouvrier dans les profits sera dans « une mesure quelconque un substitut de son salaire ordinaire... les « patrons qui acceptent la participation dans ces conditions ne peuvent « être considérés comme appliquant la participation : ce type peut être « appelé participation négative » (SCHLOSS, *op. cit.*, p. 227).

variable de la prospérité de chaque entreprise, constituera
pour l'ouvrier un appoint supplémentaire destiné à lui
assurer un supplément de bien être ou à lui faciliter la
constitution d'un capital pour ses vieux jours, l'acquisition de parts sociales de l'entreprise, etc.

Ainsi, sans doute, il résulterait que le salaire total
moyen ne serait plus constant pour une même profession, mais n'est-ce pas ce qui a lieu actuellement pour
les employés supérieurs — directeurs, gérants, chef d'ateliers, etc., — intéressés aux bénéfices, dont pour un
milieu et une valeur de services rendus donnés, les traitements fixes sont à peu près·les mêmes, les parts complémentaires variant seules ? Une situation analogue pourrait fort bien s'établir, par une généralisation de la participation, pour les ouvriers, sans qu'il en résulte pour eux
aucun dommage (1).

Si la participation aux bénéfices est, ainsi, susceptible
d'assurer réellement un supplément de rémunération à
l'ouvrier, il n'est pas certain qu'elle soit supérieure, à
ce point de vue, sinon au salaire pur et simple, du moins
au salaire amélioré par des primes à la production. La
part allouée est, en effet, fonction des résultats financiers de l'entreprise, ceux-ci dépendant également de
facteurs qui échappent à l'action de l'ouvrier — habileté
et activité du patron notamment —, il apparaît que la
participation aux bénéfices est inférieure au salariat ordinaire comme contraire au principe d'après lequel chaque

(1) Waxweiler, *op. cit.*, p. 158.

ouvrier doit être payé proportionnellement à son propre travail. Ce résultat, les différents systèmes « de primes payées à la production sans tenir compte des débouchés » l'atteindront beaucoup mieux que la participation qui ne leur sera préférable que lorsqu'il sera pratiquement impossible de mesurer, de stimuler et de récompenser l'énergie des ouvriers par une prime payée sous forme de salaires progressifs (1).

Les explications que nous avons données dans le paragraphe 1 nous dispensent, croyons-nous, de réfuter à nouveau ici ces arguments dont on ne saurait, toutefois, méconnaître la force et aux termes desquels, en se plaçant ainsi, au seul point de vue de l'intérêt pécuniaire de l'ouvrier, la participation n'apparaîtrait plus que comme un succédané des différents systèmes de primes et sursalaires, et ne serait applicable qu'à leur défaut.

Après avoir fait valoir contre la participation que l'accroissement de productivité qu'elle se propose d'obtenir de l'ouvrier peut l'être beaucoup plus avantageusement pour lui avec les formes de salaires existantes, on s'attaque également à son autre mérite.

Considérée comme moyen d'assurer la paix sociale, la participation, tout au contraire, n'aurait pour résultat que de transporter de l'industrie en général à chaque établissement en particulier la vieille dispute sur la part respective du patron et de l'ouvrier (2) et M. Leroy-Beaulieu a énuméré tous les nouveaux sujets de conflits

(1) SCHLOSS, *op. cit.*, p. 264 et suiv.
(2) SCHLOSS, *op. cit.*, p. 259.

auxquels elle donnera lieu : 1° point de départ de la participation ; 2° quantum ; 3° vérification des bénéfices, etc. (1).

En passant en revue tous les éléments que comporte une institution et en formulant pour chacun d'eux les suppositions les plus pessimistes on peut combattre, *a priori*, toutes les institutions possibles.

La participation jouit d'autant moins d'un privilège spécial à cet égard que, liée aux plus complexes problèmes sociaux et économiques, s'il y a « de grands effets « à en attendre pour le succès même de la production et « le progrès dans l'industrie, des conditions sont à remplir dans plus d'un genre et, d'abord, des conditions « morales » (2).

Ces conditions morales résident dans la disparition de l'antagonisme trop certain qui existe entre les deux facteurs de la production, antagonisme dont les objections que nous avons brièvement rappelées ne sont que les manifestations diverses et les formes latentes.

Mais n'est-ce point, comme le constate M. Villey, un désolant cercle vicieux que le développement et la réussite de la participation apparaissent liés à la disparition préalable du mal qu'elle se propose de combattre ?

Ce cercle vicieux, toutefois, on en peut sortir puisque l'institution offre, à côté d'échecs incontestables, des réussites certaines.

(1) P. LEROY-BEAULIEU, Traité d'Économie politique, cité par WAXWEILER, *op. cit.*, p. 161.

(2) Michel CHEVALIER, Rapport du Jury international, Exposition universelle de 1867.

Paragraphe 3 : Les résultats

Si nous nous reportons, d'abord, aux chiffres cités par M. Waxweiler qui embrassent les applications de la participation — exception faite des applications de la participation collective — réalisées de 1841 à 1896, applications au nombre de 387, on voit, qu'il y a 57 échecs proprement dits — abstraction faite de tous les cas où le retrait de l'institution a été amené par des causes étrangères à son principe : liquidation, mort du patron, etc., — soit, par rapport à l'ensemble, 13 %.

Sur ces 57 expériences, 28 avaient eu une durée inférieure à quatre années et l'échec de 23 devait être attribué à ce que les ouvriers ne témoignaient d'aucune qualité nouvelle ; pour les cinq autres, à l'hostilité des socialistes et aux grèves.

Pour les 27 applications supérieures à quatre années la cause de l'abandon réside : pour 9, dans l'absence des résultats espérés par le patron ; pour 14, dans le chiffre insignifiant des bénéfices à répartir, et pour les 4 derniers enfin, dans les mauvaises relations entre patrons et ouvriers.

Quant aux réussites, elles confirment les avantages de l'institution. M. Waxweiler les signale tels que les applications les font apparaître :

Augmentation de la productivité, amélioration générale des relations avec le personnel. En ce qui concerne, enfin l'effet de la participation sur le taux des salaires, il constate que les entreprises participationnistes paient des salaires au moins aussi élevés que les autres entreprises.

La participation a été introduite dans tous les domaines de la production : entreprises industrielles : imprimeries, ateliers de constructions mécaniques, manufactures textiles, etc... et commerciales : magasins de gros et de détails, compagnies d'assurances.

Les résultats analysés ci-dessus concernaient les entreprises participationnistes relevées dans les différents pays: France, Angleterre, Etats-Unis, Suisse, Allemagne, etc.

Nous allons résumer, maintenant, ceux qui résultent spécialement des expériences réalisées par les entreprises anglaises et américaines.

Pour les Etats-Unis (1), dans 26 établissements on peut grouper comme suit les causes des échecs :

Le système n'a pas satisfait le personnel : 8 établissements ; grèves : 5 ; le personnel a préféré une augmentation du salaire ordinaire, 5; le régime n'a pas intéressé le personnel à l'affaire, ni amélioré le rendement, 4 ; la mesure a profité à des employés qui ne le méritaient pas, 2 ; elle n'a pas assuré la stabilité du personnel, 2.

Les 60 établissements qui pratiquaient, en 1917, la participation appartenaient aux branches les plus diverses : 26 manufactures ; 14 maisons de commerce ; 8 banques ; 5 établissements divers; 2 industrie du bâtiment; 2 sociétés immobilières ; 2 boulangeries ; 1 journal.

Pour 38 d'entre eux les parts distribuées représentaient:

(1) *Profit Sharing in the United States*, by Boris EMMET.

dans 1/3, moins de 6 % des salaires ; dans 1/3, de 6 à 10 % ; dans 1/3, plus de 10 % ; pour 5 établissements, les parts atteignant plus de 20 %.

La participation y avait-elle, dans l'ensemble, donné les résultats espérés ?

Amélioration des rapports entre patrons et ouvriers ? Oui, dans les établissements où elle fonctionne depuis longtemps, elle a donné naissance à un certain esprit de corps.

Stabilité du personnel ? On s'accorde à le reconnaître.

Augmentation du rendement ? Ici les avis sont partagés, le rapport signale trois patrons qui l'ont positivement constaté, mais il faut dire qu'ils avaient distribué des parts exceptionnellement élevées (16 à 24 % et même 50 % du salaire). Suivant d'autres, la participation peut ne pas influer directement sur le rendement, cependant la stabilité plus grande qui en est la conséquence doit tendre à améliorer ce rendement ; le personnel travaillerait sinon plus du moins mieux.

Pour l'Angleterre enfin, le Report du Board of trade de 1920, nous fournit des données analogues.

Il résume, notamment, les causes qui ont amené l'abandon du système dans 198 établissements qui l'avaient appliqué depuis 1865, et l'on voit que pour 107 celles-ci ne sont nullement imputables au régime. Les causes de non réussite dans les 91 autres cas apparaissent identiques à celles déjà indiquées : désintéressement du personnel, hostilité syndicale, etc.

Par contre, les résultats, dans les entreprises où le système s'est maintenu, ont été très appréciables tant pour le personnel qui a touché des parts dont l'importance moyenne pour plusieurs années représente une majoration de 5 à 6 % des salaires que pour les patrons. Le rapport cite en ce sens, et pour l'industrie du gaz, le témoignage de M. Milne Watson qui dirige la The Gas Light and Coke C° : « J'ai acquis la conviction que ce régime a eu pour « résultats d'améliorer les relations entre la compagnie « et son personnel en associant les intérêts des partici-« pants à ceux des actionnaires. »

Les réussites comme les échecs des applications de la participation aux bénéfices résument ainsi fidèlement les arguments qu'on fait valoir pour ou contre elle.

Ses avantages très réels sont confirmés, comme aussi, les conditions, surtout morales, indispensables pour qu'ils soient possibles.

« Il n'existe, au fond, contre la participation que deux « objections sérieuses : la résistance des employeurs à « sacrifier une part de leurs bénéfices et la méfiance des « Trades-Unions », disait un grand industriel anglais, M. Taylor, à son personnel. Il leur faisait connaître en même temps que le bilan de l'entreprise — une filature de laine peignée — arrêté pour l'exercice 1919, déduction faite de toutes charges allait permettre de donner 17.50 % au capital et 12.50 % au travail (1).

Outre la réalisation de ces conditions en la personne

(1) Exposé fait par M. Taylor à son personnel, le 14 février 1920, cité au Bulletin de la participation 1921, p. 71, 75.

même des intéressés, le succès de la participation n'est-il pas lié également à la réalisation de conditions concernant la nature même des entreprises ?

« Dans son évolution la grande industrie s'éloigne pro-
« gressivement de la participation, a-t-on dit, en contra-
« diction directe avec l'organisation de cette indus-
« trie » (1).

Les renseignements fournis par les statistiques ne justifient pas cette affirmation (2).

Plus justifiée est l'observation suivante : le véritable milieu d'application de la participation est dans les entreprises où l'importance de la main-d'œuvre est prépondérante et dans lesquelles les salaires constituent l'élément principal du coût de production (3).

En ce sens, M. Portevin, en un rapport au Congrès de 1889, concluait que dans les textiles, par exemple, où le rôle des machines est prépondérant, le système des primes était préférable à la participation.

Nous venons de citer, cependant, l'exemple des filatures Taylor qui pratiquent avec succès la participation. Le directeur de la maison Bourne Mills à Fall-River, Massachusetts, qui attribue à son personnel une part de ses profits depuis plus de 3o ans, déclarait à M. Waxweiler:

(1) Paul BUREAU, L'association de l'ouvrier aux profits du patron et la participation aux bénéfices, p. 221-223.

(2) Dans le même sens, VILLEY. La crise du salariat et les remèdes proposés, p. 173.

(3) P. LEROY-BEAULIEU, La question ouvrière, p. 237, Profit Sharing betven capital and labour, par Sedley TAYLOR, p. 112.

« Depuis la participation aux bénéfices dans mon établis-
« sement, j'ai vu s'accroître de toutes les manières pos-
« sibles la productivité du travail de mes ouvriers et
« particulièrement de mes ouvrières ». On peut ajouter
« que 13 des applications existantes et comptant parmi les
« plus notables appartiennent aux industries textiles du
« coton, de la laine et du lin » (1).

Si les applications de la participation paraissent constituer, ainsi que ces exemples le montrent, une infirma-
tion de l'observation présentée quant aux milieux d'application du régime, celle-ci peut trouver, néanmoins, sa
justification dans le fait suivant. On ne peut attendre des
chefs d'industrie, tout au moins dans leur ensemble,
qu'ils établissent la participation si la productivité du
travail ne doit pas s'en trouver améliorée, — la non amélioration du rendement a amené, nous l'avons vu, l'abandon de la participation dans nombre des cas d'insuccès
analysés, — et, là où le rôle de la main-d'œuvre est relativement peu important, les chances d'un meilleur rendement sont moindres.

Les considérations qui précèdent, montrent surtout,
croyons-nous — et c'est à ce titre que nous y avons insisté
— que la participation est subordonnée à une foule de
facteurs dont les intéressés peuvent être seuls juges, qu'il
peut leur être même difficile de discerner exactement
avant toute mise en pratique. En conséquence, en notre
matière, aucune affirmation a priori ne peut être produite.

(1) WAXWEILER, op. cit., p. 130.

La participation est, essentiellement, une question de mesure et d'opportunité, ou plus exactement — étant donné la variété de ses modalités — il y a *des* participations aux bénéfices susceptibles d'être pratiquées avec succès par les entreprises les plus diverses et de s'adapter à leurs nécessités particulières.

Ceci ne signifie nullement que la participation puisse être instituée dans toutes les entreprises ni que, dans de très nombreuses d'entre elles, les autres modes de rémunération du travail ne lui soient pas préférables.

CHAPITRE IV

La participation aux bénéfices
au point de vue juridique

Si on a pu dire « qu'il est peu de relations juridiques
« aussi mal définies que celles qui s'établissent entre les
« patrons et leurs ouvriers lorsque ces derniers sont
« admis à toucher une part de bénéfices ; et si la parti-
« cipation, apparaissant ici sous une forme là sous une
« autre, change chaque fois d'aspect juridique en même
« temps que dé contexture économique, on peut se
« demander — plus d'un demi-siècle après son appari-
« tion — dans quelle catégorie d'actes juridiques il faut
« la ranger » (1) ; il est possible, toutefois, croyons-nous,
en faisant appel tant aux principes généraux de notre
droit qu'à la jurisprudence née de ce demi-siècle d'application, de dégager la nature et les conditions de validité
du contrat de participation et de ses différentes clauses.

(1) LESCOT, La participation aux mines de Blanzy et d'Epinac et les
projets de participation obligatoire dans l'industrie minérale française, p. 63.

PARAGRAPHE I :

LA PARTICIPATION EST UN CONTRAT : SON CONTENU, SA NATURE

Le Congrès international de 1900, sur le rapport de M. Lyon-Caen, constatait que « cette convention (la par- « ticipation aux bénéfices) recommandée par l'équité, « n'est pas contraire aux principes du droit positif » (1).

Dans la participation aux bénéfices, l'employé engage ses services moyennant le paiement par l'employeur : 1° d'une somme fixe, due à toute éventualité, le salaire normal de la profession ; 2° d'une somme éventuelle représentant une part des bénéfices réalisés pendant une période convenue d'exploitation de l'entreprise.

Les conditions essentielles dont l'art. 1108 C. C. exige la réunion pour la validité d'une convention, se trouvent ici réalisées.

Le bénéfice éventuel constitue une chose future qui peut valablement être l'objet de l'obligation assumée par l'employeur ; il n'y a point non plus condition purement protestative rendant nulle cette obligation (art. 1174) : la réalisation des bénéfices ne dépend pas du chef d'entreprise seul, elle est subordonnée à l'action favorable et concommittante d'une foule de facteurs extérieurs, sans parler qu'il serait par trop contraire à la nature des choses de le supposer capable de faire volontairement obstacle à la formation de ces bénéfices dont il aura sa bonne part.

(1) Congrès de 1900. Compte rendu *in extenso*, p. 35.

Un lien de droit peut donc parfaitement se former entre le chef d'entreprise et les employés ou ouvriers qu'il intéresse à ses bénéfices par le moyen de la participation.

Quelle est la nature de cette convention parfaitement valable eu égard aux principes généraux ?

Doctrine (1) et jurisprudence (2) s'accordent à reconnaître que l'adjonction d'une clause de participation aux bénéfices ne transforme pas en société le contrat de louage de services intervenu entre le patron et l'ouvrier. Dans un cas extrême, même, où l'ouvrier n'aurait pour rémunération que la participation, son salaire fixe étant suppprimé, il y a encore louage d'ouvrages et non société. Il n'y aurait lieu d'admettre l'existence d'une société véritable entre le patron et l'ouvrier intéressé que si à la clause de participation venaient s'ajouter des stipulations accessoires impliquant la disparition du lien de subordination qui caractérise le louage de services.

Cette solution est expressément formulée par plusieurs législations étrangères : loi italienne, Code de commerce, art. 86 ; Roumanie, Code de commerce, art. 87 ; loi anglaise du 5 juillet 1886.

De la définition de l'art. 1832 Code civil, ressort trois caractères principaux de la Société (3) :

(1) Cf. notamment : LYON-CAEN et RENAULT, Traité de droit commercial, II, n° 58 *bis*, 72 ; tome III, n° 530. — THALLER et PIC, Des sociétés commerciales, II, n° 77. — PIC, Traité des sociétés, n° 77 et suiv.

(2) Cass., 17 avril 1872, D. 73. 1, 311 ; Aix, 6 déc. 1888, S. 89.2.219 ; Cass., 17 avril 1893. S. 93.1.299.

(3) THALLER et PERCEROU, Traité de droit commercial, n° 232 et suiv.

1°) Constitution d'un capital au moyen d'apports respectivement faits par chaque associé ; 2°) vocation simultanée de tous les membres aux bénéfices et aux pertes ; 3° un lien de collaboration active, une égalité parfaite entre les associés l' « affectio societatis ».

Or, aucun de ces caractères n'est applicable à la participation, un examen rapide suffit à le montrer :

1°) Le travail fourni par l'ouvrier ne constitue pas un apport, l'apport en nature doit être intégralement libéré au moment de la constitution de la société (loi du 27 juillet 1867, art. 3, modifié par la loi du 16 août 1893), de plus, l'apport social doit rester à la disposition de la société pendant toute sa durée : l'ouvrier peut quitter l'entreprise. Enfin, l'art. 1855, al. 2, Code civil, exigerait si l'on voulait considérer le travail comme un apport en industrie, qu'en cas de pertes, l'ouvrier participant ne touche aucune rémunération pour le travail qu'il a, néanmoins fourni, le salaire qui lui est assuré en tout état de cause deviendrait injustifiable dans ce cas ;

2°) La participation exonère formellement l'ouvrier de toute contribution aux pertes ; une telle clause est absolument prohibée dans tout contrat de société à peine de nullité (art. 1855, al. 2) ;

3° Enfin, l' « affectio societatis », l'égalité parfaite entre tous les associés ne naît, nullement, de l'obligation assumée par le patron d'abandonner à l'ouvrier une partie de ses bénéfices. Ce faisant, le chef d'entreprise entend formellement conserver toutes les prérogatives qu'il a comme tel, l'ouvrier participant reste un subordonné.

La participation exclut donc toute idée de société.

Comparons, maintenant, la participation aux bénéfices au louage de services ou, — pour employer le néologisme en honneur — au « contrat de travail », « celui par lequel « l'une des parties s'engage à faire quelque chose pour « l'autre moyennant un prix convenu entre elle » (art. 1710 C. C.) (1).

L'idée maîtresse du salariat moderne : assurer au travailleur une rémunération déterminée à l'avance et soustraite aux risques de l'entreprise, se trouve absolument respectée par la participation qui, avant tout, assure à l'ouvrier un salaire normal égal à celui qu'il toucherait dans une entreprise non participationniste.

Celui dont le salaire représente le pain quotidien ne peut, de toute évidence et, sans qu'il soit besoin d'insister sur ce point, accepter un mode de rémunération essentiellement aléatoire, à échéance lointaine, conditionné à la réalisation incertaine de bénéfices auxquels il se proportionnerait. La participation aux bénéfices ne peut donc trouver d'application pratique qu'à titre complémentaire, l'élément principal de la rémunération du travail restant toujours le salaire dû à tout événement.

C'est ainsi que le contrat de participation, loin de se substituer au louage de services, de l'englober en quelque sorte pour le remplacer par une convention de nature toute différente, suppose essentiellement que ce contrat

____

(1) Nous avons indiqué plus haut (page 100) les modalités selon lesquelles le participant engage ses services.

subsiste à titre principal avec tous ses caractères propres et n'apparaît que comme son accessoire.

Ce contrat accessoire au contrat de travail au sort duquel il est lié et dont il constitue une modalité, un simple perfectionnement, peut-il s'accomoder des règ.es de celui-ci? N'y a-t-il pas entre eux de trop grandes différences qui interdisent cette assimilation ?

Sans doute, l'obligation qui naît de la participation aux bénéfices porte sur une somme indéterminée et dont l'existence même est incertaine au lieu de porter sur une somme fixe, comme dans le louage de services. Mais cette fixité du prix n'est pas de l'essence de ce dernier ; le « prix convenu » dont parle l'art. 1710 peut fort bien être indéterminé, quant à son montant, au moment du contrat, si, toutefois, celui-ci fournit les éléments de sa détermination ultérieure de telle sorte qu'elle ne dépende pas de la seule volonté de l'employeur (Cf. art. 1129 et 1174 Code civil).

Il semble, donc, que c'est en dehors du caractère aléatoire de la part de bénéfices allouée à l'ouvrier, opposée à la fixité du salaire, que doit être cherchée la différence caractéristique entre le louage de services et le contrat de participation.

Le louage de services est un contrat synallagmatique. Ce caractère peut-il être reconnu au contrat de participation ? Non, semble-t-il, puisque, par sa définition même, l'allocation supplémetaire qu'il assure aux participants ne peut être considérée comme le prix, même partiel, du travail qu'ils se sont engagés à fournir, travail qui trouve

déjà sa rémunération normale dans le salaire. Du fait de
la participation qui lui est accordée, l'ouvrier voit-il
s'augmenter ou s'aggraver ses obligations, lui est-il
demandé un travail supplémentaire ? Non, en l'intéressant au succès de l'entreprise on lui demande seulement
de travailler mieux. Cet ensemble de concours matériels
et moraux que la participation se propose de rémunérer
après les avoir suscités, les participants ne s'engagent
point toutefois dans le contrat de participation à les assurer effectivement à l'entreprise; seul, le patron a contracté
un engagement formel, celui de leur donner une part
de ses bénéfices. Donc, le contrat de participation ne présente point les caractères de contrat synallagmatique qui
sont ceux du louage de services.

Unilatéral, le contrat de participation n'est point, d'autre part, un contrat à titre gratuit : en effet, l'employeur
n'agit pas, nous l'avons vu, *animo donandi* — quelle
que soit la dénomination qu'il donne à son geste (1).
Pour apprécier le caractère juridique d'un acte il
ne faut pas se contenter de la dénomination qui lui est
donnée, mais rechercher quelles sont les raisons déter-
minantes de l'acte ; il n'y a donation que là où il y a
intention libérale.

Cette différence fondamentale entre le contrat de participation et le contrat de louage de services, tenant au
caractère unilatéral qu'il faut reconnaître au premier,
alors que le second est synallagmatique, ce qui ne permet

(1) Certains contrats affirment le caractère de libéralité de l'institution.

pas de les confondre, ne saurait toutefois empêcher qu'on applique à la participation les règles du louage de services : contrat *sui generis*, le contrat de participation se verra appliquer les règles particulières du contrat dont il se rapproche le plus (1), c'est-à-dire celles du louage de services, dont il est, nous l'avons indiqué, l'accessoire et qu'il a pour but de perfectionner et non de détruire.

En conséquence, le contrat de participation sera soumis aux dispositions régissant le contrat de travail notamment quant aux conditions nécessaires à sa formation et à sa validité, c'est ainsi qu'il n'exigera pas la publicité prescrite pour le contrat de société par la loi de 1867 (2).

En matière de preuves et de compétence (3) on devra lui appliquer également les règles du contrat de travail.

S'agissant, maintenant, des rapports entre le patron et les participants : le participant reste le subordonné de l'employeur, il doit exécuter son travail conformément aux ordres reçus, qu'il est sans droit pour critiquer. L'ouvrier participant débiteur du travail, créancier du salaire et de sa part de bénéfices, ne fait pas partie de l'entreprise pour laquelle il reste un tiers ; il n'a aucune qualité, en dehors d'un mandat spécial l'habilitant à cet effet, pour la représenter, l'engager, la rendre créancière ou débi-

(1) Cf. Aubry et Rau, t. I, p. 132.
(2) Cf. Lyon-Caen, *op. cit.*, t. II, n° 59.
(3) Cf. notamment, Cass., 18 avril 1893, S. 96, I, 511 et Cass., 11 mars 1907, Gaz. du Palais, 3 avril 1907, p. 402.

trice. Réciproquement, les obligations assumées par l'entreprise ne le lient en aucune façon (1) : il ne peut être mis en faillite ou en liquidation judiciaire.

Il ne peut prétendre à rien de l'actif social, quand il quitte l'entreprise, puisqu'il n'a pas un droit d'associé (2), il peut seulement, en l'absence toutefois de toute clause de déchéance, demander sa part dans les opérations en cours (3) ou, en cas de congé indu, se faire allouer des dommages-intérêts conformément à l'art. 1780 C. civil.

Paragraphe 2 :

Règles a appliquer a la part de bénéfices

Si le contrat de participation peut sans difficultés obéir aux mêmes règles que le contrat de travail en ce qui concerne sa formation, sa validité, si ce dernier continue à régir également les relations du chef d'entreprise et de ses ouvriers, une question plus délicate est celle des règles à appliquer à la part de bénéfices attribuée à l'ouvrier. Puisqu'on la considère comme un complément du salaire, elle devrait, semble-t-il, être assimilée à ce dernier au point de vue notamment :

A) du privilège de l'art. 549 Code commerce et 2101 C. civil ;

B) de l'insaisissabilité : loi du 27 juillet 1921 ;

____

(1) Par conséquent, l'art. 1848 C. Civ. ne peut s'appliquer à la créance que l'ouvrier pourrait avoir pour son propre compte contre un débiteur de l'entreprise.

(2) Cass., 16 avril 1855, D. 55, 1, 325.

(3) Bordeaux, 15 février 1894. Recueil de Bordeaux, 1894, 1, 173.

C) de la législation sur les accidents du travail ;

D) de l'impôt.

A) On sait que la loi des faillites a établi un privilège exprès en faveur des appointements et salaires dûs au personnel pour la période antérieure au jugement déclaratif. Ce privilège date de 1838; depuis, les lois du 4 mars, 6 février 1895 et enfin 17 juin 1919 ont marqué les étapes successives d'une protection plus large du salaire sous ses différentes formes. Sans qu'il y ait lieu de distinguer maintenant entre les ouvriers et commis, il garantit les salaires acquis pendant les 6 mois qui ont précédé l'ouverture de la faillite ou de la liquidation, ainsi que les remises proportionnelles et commissions définitivement acquises au commis pendant la même période, alors même que la cause des créances remonterait à une date antérieure.

Si ce privilège profite également à la part de bénéfices:

1°) Le participant figurera parmi les créanciers du patron aussi bien pour ce qui lui est dû sur son salaire fixe que pour les bénéfices antérieurement réalisés et dont l'exigibilité se place dans les 6 mois. Il pourra donc réclamer cette part en cas de faillite alors même que tous les créanciers ne seraient pas désintéressés intégralement;

2°) Dans ce même cas de faillite ou de liquidation judiciaire, le privilège garantira le paiement de ce qui lui est dû sur les bénéfices réalisés pendant les 6 mois qui ont précédé la faillite ou la liquidation.

Cette solution, éminemment favorable aux intérêts de

l'ouvrier et de l'institution elle-même, peut-elle être donnée ?

Le privilège de l'art. 549 étant de droit étroit, comme tous les privilèges, n'appartient qu'aux personnes et ne garantit que les créances y indiquées, et il n'est admis que dans les cas prévus par la loi (1).

Or, la part de bénéfices allouée à l'ouvrier ne rentre dans aucune des catégories prévues par l'art. 549 : « salaires fixes, remises proportionnelles, commissions ». En ce sens, le tribunal de commerce de la Seine, décidait en son jugement du 27 juin 1907 (2): « que toute allocation « ferme promise à un employé, par cela seul qu'elle est « indépendante des aléas de l'entreprise industrielle, cons- « titue un salaire et est, par suite, garantie par l'art. 549, « si son exigibilité se place dans les 6 mois précédant la « faillite... alors d'ailleurs que cette allocation a un carac- « tère fixe et n'est subordonnée ni au chiffre d'affaires, « ni aux chiffres des bénéfices réalisés par le patron ».

Si la part des bénéfices allouée au personnel et qui lui reste dûe au moment de la faillite et de la liquidation judiciaire ne peut lui être payée par privilège au même titre que son salaire, les sommes qui lui ont déjà été versées à ce titre lui restent-elles définitivement acquises ? en d'autres termes ne peuvent-elles être l'objet de répétition par le syndic et le liquidateur judiciaire ?

On peut faire valoir en faveur de la négative deux

(1) Cf. THALLER et PERCEROU, *op. cit.*, n° 2015. LYON-CAEN et RENAULT *op. cit.*, n° 823.

(2) D. 1907, 5, 43.

arguments, l'un basé sur la nature même de la part, l'autre sur les conditions même de fonctionnement de l'institution, et que nous trouvons parfaitement développé dans un jugement du tribunal de commerce de Lyon.

Si, économiquement et pratiquement, la part allouée à l'ouvrier, se présente, en fait, comme un supplément de salaire, la destination qui lui est donnée ne saurait faire oublier son origine : quote-part du bénéfice de l'entreprise, elle constitue un dividende en tout point semblable à celui des actionnaires. Si, à ce titre, elle ne peut bénéficier du privilège de l'art. 549 elle peut, au contraire, en tant que dividende, bénéficier des dispositions prises en faveur de celui-ci. Pour les sociétés par actions, le dividende réel est définitivement acquis à l'actionnaire qui ne peut être tenu de le rapporter si, plus tard, l'entreprise est en pertes. Quant au dividende fictif, il ne sera rapportable que s'il a été touché de mauvaise foi (art. 10, al. 4 et 5 de la loi du 24 juillet 1867). Cette dernière disposition n'a pas, par contre, été étendue aux sociétés par intérêt par la jurisprudence (Cass., 1er juillet 1896, D. 98, 1, 335). Les raisons qui ont motivé cette différence de traitement (1) n'existant pas dans le cas de l'ouvrier participant, il n'y a pas lieu de tenir compte ici de la forme de l'entreprise, société par actions ou intérêt ou entreprise individuelle.

La jurisprudence, s'est prononcée en ce sens, pour des

(1) Cf. Thaller et Percerou, *op. cit.*, n° 381.

raisons, avons-nous dit, concernant le fonctionnement même de la participation :

« Le syndic qui, redressant les comptes du failli, recon-
« naît que les bénéfices accusés par les inventaires de ce
« dernier étaient erronés ou fictifs, ne saurait répéter
« comme manquant de cause, les sommes touchées sur
« ces bénéfices par le commis intéressé lequel n'ayant
« aucun droit de contrôle a nécessairement touché de
« bonne foi...

« Attendu que l'action en répétition de l'indu ne sau-
« rait s'exercer dans ce cas...

« Attendu que d'après la jurisprudence les employés
« intéressés n'ont en principe, aucun droit d'investiga-
« gation dans les bilans sur lesquels le patron se base
« pour fixer le montant de leur participation, que le
« patron est donc libre, sauf le cas d'abus, de déprécier
« ses éléments d'actif bien qu'il doive en résulter une
« réduction de la rémunération des employés intéressés.

« Attendu que, dans ces conditions, on doit admettre
« que lorsque le patron fixe l'allocation revenant à ses
« employés cette fixation est définitive, qu'en effet, auto-
« riser le patron à réclamer après plusieurs années à ses
« employés le remboursement de tout ou partie des
« rémunérations qu'ils ont considéré comme un supplé-
« ment d'appointements et employés comme tels, serait
« enlever toute stabilité à la situation budgétaire de ces
« derniers et exagérer à leur détriment l'inégalité qui
« existe forcément entre eux et leur patron pour l'appli-
« cation de leur contrat de participation aux bénéfices ;

« Que le caractère définitif de l'allocation fixée par le
« patron s'impose donc comme une contre-partie de la
« liberté qui lui est reconnue dans la fixation de son bilan
« et s'oppose à toute demande en restitution que le patron
« prétendrait former pour cause de redressement du
« bilan, même fondée sur de prétendues erreurs maté-
« rielles... » (Trib. commerce de Lyon, 18 octobre 1910,
Journal des faillites, 1911, art. 5031, p. 90).

Dans le même sens, l'art. 46 du projet de loi sur les
sociétés coopératives et le contrat de participation aux
bénéfices (1) disposait que « les sommes payées aux
« ouvriers ou employés à titre de participation aux béné-
« fices, ne pourront sauf le cas de concert frauduleux,
« être l'objet d'aucune répétition, même au cas de faillite
« de l'entrepreneur. »

On peut donc, semble-t-il, reconnaître cet avantage à
la part de bénéfices revenant aux ouvriers, à défaut du
privilège de l'art. 549.

B) Insaisissabilité.

La loi du 27 juin 1921 (Code du travail, L. I, art. 61
à 73 b) modifiant la loi du 12 janvier 1895 (2) décide que
les salaires ou petits traitements ne sont saisissables que
jusqu'au 1/10 — comme auparavant — mais cette limi-

---

(1) Cf. *infrà*, chap. V, p. 173.

(2) Cette loi distinguait entre les salariés et les gens de service
d'une part, et les employés d'autre part, elle s'appliquait aux premiers
quel que soit le montant annuel de leur rémunération, aux seconds,
seulement quand il ne dépassait pas 2.000 francs.

tation du droit de saisie et la procédure qui s'y rattache, n'existent que si leur montant annuel n'excède pas 6.000 francs (art. 61), ils ne peuvent être cédés que dans la même proportion.

La détermination du chiffre exact du salaire et traitement interviendra ici, d'abord pour savoir si tel salarié est en droit de bénéficier du régime de faveur institué par la loi, selon que son salaire ou traitement est supérieur ou non à 6.000 francs, et, dans l'affirmative, pour déterminer la quotité saisissable. La part de bénéfices revenant à l'ouvrier devra-t-elle être retenue au même titre que les éléments variables du salaire — primes, remises proportionnelles — et, comme telle, pour évaluer ce montant annuel de la rémunération, condition d'application de la loi ? Si l'on se prononce pour l'affirmative (1) le juge devra, semble-t-il, comme il l'a été décidé pour les commissions (2), n'envisager que ce qui constitue le gain certain et actuel de l'ouvrier au jour de la saisie, il ajoutera donc au salaire annuel la part de bénéfices acquise pendant le temps qui a précédé la saisie. Si le chiffre ainsi obtenu atteint ou dépasse 6.000 francs, l'art. 61 de la loi précitée sera ou non applicable. Aucune décision de jurisprudence n'est venue, à notre connaissace, confirmer ou infirmer cette thèse (3).

On ne saurait, en effet, trouver argument, pour ou

(1) En ce sens, Pic: Traité de législation industrielle. — Paron: Traité de la saisie arrêt des salaires, 4e édit., 1922, n° 109.

(2) Lille, 2 mars 1896, D. 97, 2, 43.

(3) Il est bon de rappeler, d'ailleurs, que le régime de la loi de 1895

contre elle, dans un jugement du tribunal civil de Chalons-sur-Saône du 20 décembre 1911 aux termes duquel les bénéfices attribués par une société à ses ouvriers — en l'espèce la Compagnie des mines de Blanzy — sans aucune vérification ni contrôle de ceux-ci, et que la société affirme devoir être considérés comme une bonification gracieuse, ne constituent de sa part qu'une libéralité et ne donnent aucun droit de créance aux ouvriers : en conséquence, la part revenant à un ouvrier n'est pas susceptible d'être saisie-arrêtée entre les mains de la société.

La saisie a donc été refusée pour un motif d'ailleurs, croyons-nous, erroné (1) et étranger à la question qui nous occupe.

C) Législation concernant les accidents du travail.

La loi du 9 avril 1898 et les lois complémentaires qui l'ont modifiée (2), accorde à tous les ouvriers, employés et apprentis victimes d'accidents dans le travail qui leur est confié — et pourvu qu'ils soient en mesure d'établir dans les conditions fixées par la loi une relation de cause à effet entre leur travail et l'accident — des indemnités arbitrées par la loi sous réserve d'un maximum indiqué

fut suspendu pendant la guerre par les décrets des 25 septembre et 15 octobre 1914 : dans les limites d'application de la loi aucune saisie ou cession de salaires ou appointements n'était possible.

(1) En ce sens, CAPITAN, note sous D. 1912, 2, 377.

(2) Lois des 22 mars 1902, 31 mars 1905, 17 avril 1906, 17 octobre 1919, 5 et 31 juillet 1920, 6 janvier 1921.

par l'art. 2. (Ceux dont le salaire annuel dépasse quatre mille cinq cents francs ne bénéficient de ces dispositions légales que jusqu'à concurrence de cette somme. Pour le surplus et jusqu'à 15.000 ils n'ont droit qu'à une fraction des rentes stipulées à l'art. 13).

Ces indemnités ou rentes allouées en exécution des art. 3 et 4 se divisent en deux groupes d'après leur mode d'établissement, les unes sont fixées indépendamment du salaire, les autres ont pour base le salaire.

La fixation de ces dernières exige, ainsi, la détermination du salaire de base, qui s'entend pour l'ouvrier occupé dans l'entreprise pendant les 12 mois écoulés avant l'accident « de la rémunération effective qui lui a été « allouée pendant ce temps, soit en argent, soit en « nature », et, pour l'ouvrier occupé pendant moins de 12 mois, de la rémunération effective qu'il a reçue dans l'entreprise depuis son entrée augmentée de la rémunération, qu'il aurait pu recevoir pendant la période de travail nécessaire pour compléter les douze mois, d'après la rémunération moyenne des ouvriers de la même catégorie pendant ladite période.

Parmi les éléments constitutifs de ce salaire ainsi entendu, il semble logique de comprendre la part de bénéfices accordés à l'ouvrier : l'esprit de la loi est d'établir pour chaque catégorie un salaire annuel moyen représentant aussi exactement que possible son gain normal annuel en y comprenant tous les suppléments qui ont un certain caractère de régularité (1).

(1) En ce sens, Pic., *op. cit.*, p. 748, CAPITAN, note citée.

La Cour de cassation s'est prononcée en ce sens (1) :
« Vu l'art. 10-1° de la loi de 1898, attendu que les allo-
« cations diverses et, spécialement une part de bénéfices,
« auxquelles un ouvrier a droit comme rémunération de
« son travail, participent de la nature du salaire propre-
« ment dit et doivent entrer en ligne de compte pour le
« calcul de la rente à déterminer en cas d'accident ».

L'arrêt attaqué (Angers, 27 décembre 1911), avait refusé
de comprendre la part dans le salaire devant servir à la
fixation de la pension due à l'ouvrier participant aux bénéfices victime d'un accident, en se fondant sur l'art. 7 du
règlement de l'entreprise aux termes duquel : « Tout
« agent quittant l'entreprise, quelle que soit la cause
« de son départ, n'aura droit à aucune participation aux
« bénéfices des travaux non réglés au 31 décembre de
« l'année précédant le départ ». La Cour de cassation a,
au contraire, décidé: « Attendu que des termes de cette
« stipulation il résulte qu'elle n'a pas prévu le cas où
« l'ouvrier serait mis par les conséquences mêmes de
« l'accident qu'il a subi, dans l'impossibilité complète de
« continuer son service dans l'entreprise, attendu qu'en
« l'appliquant à la cause l'arrêt attaqué en a dénaturé
« le sens et la portée et qu'il a par suite violé l'article de
« loi ci-dessus visé »...

D) Impôt.

En ce qui concerne, maintenant, le point de vue fis-
cal, quelle taxation sera appliquée au produit de la participation ?

(1) Ch. civ., 8 décembre 1913, D. 1917, 1, 17.

La question doit être examinée au double point de vue:
a) du participant, *b*). de l'entreprise participationniste.

a) Le projet de loi de 1888 (1) avait exonéré la part de bénéfices allouée aux ouvriers de l'impôt sur le revenu. Actuellement, le fisc considère, également, cette part comme un supplément de salaire, assujetti, comme lui, à l'impôt cédulaire sur les traitements et salaires : « ...La « forme de ces rémunérations est variable... aux sommes « fixes s'ajoutent parfois des allocations constituées par « des remises proportionnelles aux affaires traitées, ou « par une participation aux bénéfices. Les parts de béné- « fices allouées aux employés d'une entreprise indus- « trielle ou commerciale après le règlement des comptes « de chaque exercice sont à retenir pour l'établissement « des impositions de l'année suivant celle au cours de « laquelle elles ont été, en fait, attribuées aux partici- « pants » (2).

b) Si le fisc admet, en faveur de l'ouvrier, l'assimila- tion de la part de bénéfices au salaire proprement dit, maintiendra-t-il son point de vue à l'égard de l'entre- prise et défalquera-t-il la quote-part du profit qu'elle dis- tribue à son personnel, à titre de charge pour la déter- mination du bénéfice net devant servir de base à l'impôt sur les bénéfices industriels et commerciaux ? Taxée com- me salaire entre les mains de l'ouvrier, la part de béné-

---

(1) Cf. *infra*. chap. V. p. 173.

(2) Notions élémentaires sur les impôts directs. Recueil des Confé- rences faites aux surnuméraires de première année: L'impôt sur les salaires. p. 348. (Imprimerie nationale, novembre 1922).

fice, ne sera-t-elle pas, au contraire — *jure originis*, si l'on peut dire — imposée comme bénéfice avant sa distribution ?

La rigueur du fisc est telle et ses interprétations de la comptabilité des entreprises sont, si souvent, guidées par la simple préoccupation de développer au maximum, la matière imposable (1) que l'on pourrait douter qu'il fît sienne la première solution, et admît la défalcation du bénéfice imposable, de la part qui en est allouée au personnel.

Il en est, cependant, ainsi : Il résulte tant de réponses du ministre des finances à des questions écrites (2), que des notions sur les impôts directs que l'administration des contributions directes inculque à ses employés que : « Les participations allouées à son personnel par un « industriel ou un commerçant exploitant seul, sont à « distraire sans exception du bénéfice imposable » (3).

Même solution dans une entreprise exploitée par une société en nom collectif où doivent être retranchés les tantièmes attribués « à toutes personnes autres que celles qui ont la qualité d'associé » et dans les sociétés par actions, s'agissant des tantièmes versés au personnel, aux directeurs ne faisant pas partie du conseil et même aux

(1) Pour n'en citer qu'un exemple, malgré les usages du commerce qui les considère, à juste titre, comme « charges » il n'admet pas que le commerçant défalque pour la détermination du bénéfice net imposable, ni l'intérêt qu'il alloue à son capital, ni les prélèvements qu'il effectue pour son travail personnel.

(2) Notamment : J. Officiel, 19 octobre 1921.

(3) Recueil cité, p. 308.

administrateurs délégués en tant que la quote-part attribuée à ces derniers rémunère spécialement leur travail de direction.

Cette solution a été également celle de la Commission supérieure des bénéfices de guerre instituée par la loi du 1er juillet 1916 et consacrée par plusieurs jugements et arrêts (notamment Cour de Riom, 13 juin 1918, *Gazette du Palais*, 1919, 1, 91. — Lyon, 8 décembre 1919, *Gazette du Palais*, 1920, 1, 270). Autorisé à défalquer du bénéfice imposable à titre de bénéfice de guerre la quotité qu'il en alloue à son personnel, le chef d'entreprise ne saurait, en conséquence, lui faire subir aucune réduction au titre d'un impôt dont elle est exempte.

De l'examen de ces différents points, il résulte, à notre sens, que, sauf en ce qui concerne le privilège de l'art. 549, rien ne s'oppose à l'assimilation au salaire, dont elle se présente, en fait, comme l'accessoire, de la part de bénéfices allouée à l'ouvrier.

PARAGRAPHE 3 : ÉLÉMENTS DU CONTRAT DE PARTICIPATION AUX BÉNÉFICES.

Les éléments du contrat de participation se groupent autour des trois clauses suivantes, essentielles :

A) Clause de partage créant une obligation à la charge de l'employeur ;

B) Clause exclusive de toute participation aux pertes ;

C) Clause laissant au patron la direction de l'entreprise, et clause relative au contrôle des comptes.

Nous avons examiné déjà, les différentes modalités pratiques de réalisation de ces clauses (1), aussi notre examen au point de vue juridique ne portera ici, que sur celles qui doivent remplir certaines conditions pour la validité du contrat.

A) L'objet de l'obligation assumée par l'employeur devant être, au moins, déterminé « quant à son espèce » (art. 1129), il est indispensable que soient précisés dans le contrat les modes de détermination du bénéfice sur lequel sera prélevée la part allouée au personnel.

L'obligation assumée par l'employeur étant conditionnelle, il est nécessaire, également, que soit indiquée la période d'exploitation assignée à la réalisation possible des bénéfices, et à la fin de laquelle il sera procédé à leur évaluation. S'il n'y en a pas, la condition sera défaillie (art. 1176, C. C.).

La fixation du mode de détermination de la part des bénéfices destinée aux participants est aussi indispensable à la validité juridique de l'engagement assumé par le patron que la détermination préalable de ces bénéfices, de cette façon, seulement, sera déterminée la « quotité de la chose » objet de l'obligation. Si l'employeur peut fixer le quantum de la participation, en toute liberté, au moment de chaque répartition, il y a, manifestement, condition purement protestative enlevant toute valeur juridique à sa promesse, et on est en présence de la participation discrétionnaire.

(1) Cf. *suprà*, chap. II.

Par contre, toute clause qui, sans préciser ce quantum, permet toutefois sa détermination ultérieure en dehors de la seule volonté patronale — détermination par un tiers, par un commun accord des parties — constitue un engagement valable. On pourrait également, semble-t-il, valider le cas où le patron se réserve le droit de fixer chaque année le quantum de la participation « d'après le résultat de l'inventaire » par analogie avec la convention aux termes de laquelle « un employé recevra annuellement « une gratification raisonnable dont il laisse la fixation « à la générosité du chef d'entreprise » — convention reconnue valable par la Cour de cassation, — le pouvoir d'appréciation laissé au juge enlevant à l'engagement tout caractère potestatif (1).

La faculté que le patron a entendu se réserver ainsi n'a pas eu pour but d'enlever tout caractère obligatoire à sa promesse. Il y a une différence certaine entre notre hypothèse et celle où le patron se réserverait de faire si bon lui semble une distribution car les participants pourraient s'adresser aux tribunaux.

En ce qui concerne, maintenant, les modes d'emploi c'est-à-dire les conditions de liquidation de la créance de chaque participant, elle a lieu, nous l'avons vu, selon deux systèmes principaux :

1°) Exécution immédiate : les parts sont payées comptant à la fin de chaque exercice.

---

(1) 10 mai 1864, S. 64, 1, 256. — Cf. également, AUBRY et RAU, t. IV, p. 67, et CAPITAN, note sous Dalloz, 1912, 2, 377.

2°) Exécution différée : la somme revenant à chaque participant est bien déterminée à la fin de chaque année, conformément aux règles posées dans le contrat de participation, mais, au lieu de lui être remise immédiatement, elle est portée au crédit d'un compte spécial ouvert à son nom en vue de sa capitalisation. Le compte se grossira chaque année des intérêts et d'une part nouvelle. Ou bien, encore, la part sera versée à la Caisse Nationale des retraites pour la vieillesse ou dans une compagnie d'assurances, au nom du participant en vue de la constitution d'une pension de retraite.

Le droit du participant ne s'en trouve pas moins définitivement acquis par le fait même de la réalisation des bénéfices, sa jouissance seule en est retardée jusqu'au jour où il quittera l'entreprise ou atteindra un âge déterminé.

Très souvent aussi, nous l'avons vu, dans les cas d'exécution différée — exception faite du cas où les parts ont été employées à la constitution directe de pensions de retraite par versement à la Caisse Nationale des retraites pour la vieillesse ou à une Compagnie d'assurances — la remise du capital constitué à l'ouvrier est subordonnée à la condition que l'ouvrier aura accompli une durée de services, ou atteint un âge déterminés. De telles clauses affectent l'existence même de l'obligation assumée par l'employeur qui sera résolue si elles ne se réalisent pas.

Malgré les objections qu'elles soulèvent au point de

vue pratique, elles sont, toutefois, juridiquement, parfaitement valables (1).

B) Clause exclusive de toute participation aux pertes.

Elle se trouve réalisée :

a) Du fait que le participant qui touche sa part quand il y a des bénéfices n'est tenu à aucun versement, aucune restitution quand l'entreprise est en perte ;

b) Du fait que le participant touche, en tout état de cause, le salaire normal de la profession et, qu'en conséquence, la part des bénéfices éventuels n'est point le prix de tout ou partie du travail qu'il s'est engagé à fournir.

Cette clause est parfaitement valable puisque le contrat de participation n'est pas un contrat de société.

C) Clause laissant au patron la direction de l'entreprise et clause relative au contrôle des comptes.

L'immixtion dans la gestion d'une entreprise ne peut se comprendre que de la part de ceux qui possèdent dans celle-ci des droits d'associés. Cette clause, conséquence logique de la nature même du contrat de participation, contrat accessoire au louage de services, peut se trouver, cependant, et dans une certaine mesure, heureusement atténuée dans sa rigueur par les pouvoirs reconnus à des comités mixtes (2).

Elle n'en constitue pas moins, semble-t-il, la véritable

(1) Cf. chap. II, paragr. 5, clause de déchéance.
(2) *Suprà*, chap. II.

originalité juridique du contrat de participation : intéresser un individu aux résultats d'une entreprise sans lui permettre d'exercer une influence sur la conduite de cette entreprise.

Si l'ouvrier participant n'est investi, en tant que tel, d'aucun droit l'habilitant à prendre part à la gestion de l'entreprise, l'employeur lui a conféré, en s'engageant à lui donner une part déterminée des bénéfices de l'entreprise, les droits résultant du droit commun des obligations et, spécialement, comme à tout créancier, le droit de réclamer l'exécution de l'obligation assumée dans le contrat de participation, à peine de dommages-intérêts.

Si la période d'exploitation envisagée dans le contrat s'est clôturée sans bénéfices, l'obligation n'existe plus, la condition se trouvant défaillie, mais l'employeur qui se prétend libéré doit le prouver et, en l'espèce, cette preuve résultera de la production des comptes.

Si tel est le principe même du contrôle des comptes selon qu'il se dégage du droit commun, il reste à examiner de quelle façon il est appliqué dans la pratique.

La jurisprudence a dans de nombreuses décisions reconnu aux participants, en cas de réclamation et de contestation par eux des résultats effectifs d'un exercice, le droit d'exiger la *communication* des livres et inventaires de l'entreprise (Paris, 7 mars 1835, D. 35, 2, 95; Nîmes, 20 juillet 1864, D. 66, 2, 57).

La communication des livres qui consiste dans le fait de se dessaisir du livre aux mains de l'adversaire qui

pourra le consulter, *lui-même*, dans toutes ses parties (1)
est une mesure fort grave, de nature à compromettre le
secret des affaires. Aussi, la faculté de l'exiger est-elle limitée par l'art. 14, C. Cce, à 4 cas : en en faisant bénéficier
les participants qui ne rentrent dans aucune de ces catégories, les tribunaux se sont laissés influencer, sans aucun
doute, par la crainte de les laisser livrés à l'indélica-
tesse où à la mauvaise foi du patron ; si respectable que
soit ce mobile, il faut reconnaître, toutefois, que ce pouvoir reconnu aux participants, contestable en droit,
n'était pas sans danger pour les entreprises participationnistes. Aussi, la Com de Paris dans un arrêt du 21 novembre 1903 (D. 1905, 2, 13) a-t-elle replacé la question
sur son véritable terrain juridique en déclarant que « l'é-
« numération de l'art. 14 étant limitative, il n'échet d'y
« comprendre par extension la demande d'un employé
« intéressé... qu'en effet l'employé intéressé, bien que
« participant aux opérations et aux bénéfices ne supporte
« pas les pertes, qu'il n'est donc pas fondé à invoquer le
« bénéfice d'une assimilation avec les membres d'une
« société commerciale. »

L'arrêt précité a donc marqué un revirement dans la
jurisprudence, c'est par la voie de la *représentation* que
l'intéressé demandera la justification des bénéfices (Poi-
tiers, 8 juillet 1908, D. 1908, 2, 341). Le tribunal dési-
gnera un expert chargé en termes généraux, suivant la

______

(1) THALLER et PERCEROU, *op. cit.*, n° 211.

formule même de l'art. 15 C. Commerce, « d'extraire des livres ce qui concerne le différent ». Sans doute, il semble difficile que ce contrôle, pour s'exercer utilement, puisse se limiter uniquement à un point spécial de la comptabilité ; celle-ci sera examinée, encore, dans son ensemble mais par le tribunal ou l'expert commis par lui — et non plus par l'adversaire. Par la représentation ainsi comprise (1), le contrôle s'exercera donc dans des conditions qui, tout en le rendant aussi effectif que la communication, ne seront pas de nature à compromettre le crédit de l'entreprise et concilieront les légitimes exigences des deux parties.

Si la jurisprudence reconnaît ainsi au participant le droit de vérification des comptes, droit dont elle réglemente les conditions d'exercice, elle déclare, cependant, qu'il ne peut ni participer à la confection de l'inventaire ni en critiquer les éléments sauf en cas de fraudes ou d'erreurs matérielles (Paris, 5 février 1866, Journal du tribunal de commerce, t. XV, p. 241 ; Marseille, 23 août 1866, Recueil de Marseille, 1867, 1, 15). Il appartient, notamment, au patron d'évaluer les créances douteuses et les marchandises, sans que le participant en puisse critiquer l'évaluation. Toutefois, le contrat de participation aux bénéfices qui engendre au profit des participants un droit de créance indéterminé dans son chiffre et subordonné à la condition qu'il y aura un bénéfice — bénéfice qui s'entend de l'excédent de l'actif sur l'ensemble du passif, tel qu'il résulte de l'inventaire — doit être exécuté de bonne

____

(1) THALLER et PERCEROU, *op. cit.*, n° 212.

foi. Il s'ensuit que si le maître qui a le droit de conduire comme il l'entend ses opérations commerciales reste seul juge de la détermination des frais généraux sans qu'il ait à subir l'ingérence directe ou indirecte des participants, c'est à la condition qu'il n'abuse pas de ce droit en faisant entrer dans le passif des éléments qui auraient pour résultat de fausser la participation et de rendre la quote-part des intéressés illusoire ou nulle. C'est ainsi, que si on ne peut, en principe, refuser au chef d'entreprise de porter aux frais généraux, outre l'intérêt du capital qu'il a engagé, une somme qu'il fixerait lui-même pour la rémunération de son travail personnel, la détermination arbitraire de cette rémunération ne doit pas déguiser un double emploi susceptible de nuire aux participants. Il appartient, dès lors, au tribunal d'apprécier, par application de la convention des parties ou, à son défaut, par les circonstances, si ce cumul est ou non légitime, et, même, d'en déterminer la mesure (Cass., 2 février 1914, Gaz. du Palais, 1914, 1, 299. — Cour de Lyon, 31 décembre 1920, Recueil des Sociétés, 1921, p. 79).

Pouvoir reconnu aux participants d'exiger la représentation des livres à des mandataires de justice et — le contrat devant être exécuté de bonne foi (*fraus omnia corrumpit !*) — rectification par les tribunaux, le cas échéant, de la comptabilité dans la mesure où elle léserait leur droit par une dissimulation des bénéfices réels, c'est ainsi que s'analyse, d'après la jurisprudence, le droit de contrôle des participants.

Son exercice n'apparaît donc pas comme susceptible de porter de graves préjudices aux entreprises pratiquant la participation. Il est, malgré cela, préférable — cette question du contrôle des comptes étant considérés, un peu à tort, nous l'avons vu, comme l'une des plus délicates de la participation, — que le contrat de participation, précise, pour chaque entreprise, en tenant compte de ses contingences spéciales, les garanties reconnues aux participants en cette matière pour l'exercice, à l'amiable, de ce contrôle.

Certains industriels, peu soucieux de se soumettre à aucun contrôle, aussi bien celui qu'ils établiraient que celui que leur imposerait, éventuellement, à son défaut, une réclamation en justice, mais désireux, néanmoins, d'appliquer la participation dans leur maison, peuvent-ils enfin, insérer dans le contrat une clause renonciative de la part des participants à tout contrôle et à toute vérification ?

Le projet de loi, que nous avons déjà eu l'occasion de citer, issu des travaux de la Commission d'enquête extra-parlementaire nommée par décret du ministre de l'intérieur en date du 20 mars 1883, porte en son art. 42, al. 2 que « le contrat... peut ne donner lieu à aucun contrôle « de la part des intéressés » reproduisant l'art. 32, al. 1er du projet de la commission : « en acceptant la partici- « pation les intéressés peuvent renoncer expressément « à tout contrôle et à toute vérification ». La commission commentait en ces termes cette disposition : « Nous pen- « sons que cette clause est légitime : le contrat de parti-

« cipation suppose nécessairement confiance faite au chef
« de la maison... La clause de renonciation n'est pas une
« condition potestative, car elle ne le serait qu'en cas de
« fraude et la fraude ne se présume pas... On trouverait
« son analogue dans certains contrats que passent les
« Compagnies d'assurances sur la vie, et aux termes des-
« quels elles distribuent à leurs assurés une partie de
« leurs bénéfices sans que ceux-ci puissent vérifier les
« livres ; or, ces contrats ont été reconnus légitimes.
« (Paris, 12 janvier 1881, Cass., 19 juillet 1881) ».

En fait, la plupart des contrats portent une clause de
ce genre, dont la légalité a été reconnue tant par la jurisprudence (1) que par la doctrine (2).

En introduisant cette clause, le patron entend, en effet,
non se soustraire à son engagement, mais garder son
indépendance intacte, il doit exécuter loyalement l'engagement contracté par lui : S'il y avait fraude certaine,
avérée, les ouvriers pourraient s'adresser à justice.

Evidemment, cette conclusion peut apparaître plus théo-
rique que pratique car il serait difficile, en fait, aux
ouvriers de prouver la fraude du patron, et les tribunaux
en présence d'une telle clause écartant le contrôle hési-
teraient à l'ordonner.

(1) Cass., 1er juin 1875, D. 75, 1, 415.
(2) Lyon-Caen et Renault, *op. cit.*, t. II, n° 58 et 291 *bis*. — Thaller
et Percerou, *op. cit.*, n° 283. — Baudry et Wahl, *op. cit.*, t. II, p. 117.

CHAPITRE V

La consécration légale
de la participation aux bénéfices

Quels que soient les aspects sous lesquels nous avons examiné jusqu'ici, tout au moins brièvement, la participation aux bénéfices, ils n'ont pu que confirmer la nécessité affirmée dès les premières lignes de cette étude (1) : ses différentes modalités dégagées beaucoup plus par l'expérience de ceux qui l'appliquaient que par des théoriciens économiques et sociaux, supposent essentiellement un régime de liberté où elles puissent se développer sans entraves.

Mode de rémunération du travail poursuivant, non seulement, comme les différentes formes de salaires, une amélioration de la situation pécuniaire des ouvriers, mais surtout l'amélioration des rapports entre les deux facteurs de la production dans une atmosphère de collaboration

(1) « La participation aux bénéfices est *une libre convention...* » cf. *supra*, chap. 1, p. 11.

et de paix, la participation exige, à ces deux titres, la réalisation d'un ensemble de conditions techniques et morales qui ne peuvent dépendre d'une contrainte légale.

Dans ces conditions, l'intervention du législateur en notre matière, non seulement pour la saisir et la codifier dans un texte, mais encore pour en rendre l'application obligatoire, paraît, à tout le moins déconcertante en son principe même et quelque peu téméraire quant aux résultats à en attendre.

Cette action légale en faveur de la participation peut se manifester, d'ailleurs, sous plusieurs formes, à plusieurs degrés en quelque sorte. Le législateur, sans la rendre obligatoire, pour toutes les entreprises privées quelles qu'elles soient, pourrait, en effet, imposer la participation à certaines d'entre elles seulement, soit à raison de leur forme légale particulière ou de leur qualité de concessionnaires de services publics ou d'adjudicataires de travaux ou de fournitures pour le compte de l'Etat, des Départements ou des Communes.

Enfin, tout en laissant à la libre initiative de chacun l'adoption de la participation aux bénéfices, le législateur peut élaborer un contrat type qui en déterminera les bases essentielles et dont les dispositions régiront les intéressés pour autant qu'ils désireront les adopter. L'intervention se trouve ici réduite au minimum, le législateur se bornant à consacrer le droit commun d'un nouveau contrat.

Nous passerons en revue ces différentes formes possibles d'intervention et dans leur principe et dans les dispositions des lois, soit en projet, soit en vigueur, qui en ont tenté la réalisation.

En ce qui concerne, toutefois, les projets assez nombreux, nous n'étudierons que ceux déposés au cours de la présente législature, les autres n'offrant plus qu'un intérêt historique, comme étapes du mouvement d'idées dont l'institution n'a cessé d'être l'objet. Nous rappellerons, ici, à ce titre, et par ordre chronologique :

La proposition de M. Laroche-Joubert, du 15 mai 1879, qui avait pour objet de rendre la participation obligatoire dans « toutes les adjudications par soumissions « cachetées à faire pour le compte de l'État, des Départe- « ments ou des Communes, soit pour concessions de Che- « mins de fer, soit pour travaux à effectuer, soit pour « fournitures à faire » ;

La proposition de MM. Balluc, J. Roche, Lagrange et Laisant restreignant le principe de l'obligation aux concessions permanentes de l'État, des Départements et des Communes, du 16 mars 1882 ;

Le projet de loi sur les coopératives et le contrat de participation aux bénéfices (1) déposé au nom du gouvernement par M. Floquet, le 16 juillet 1888 (Doc. parlementaires, Ch. 16 juillet 1888, n° 1057) ;

Proposition de MM. Guillemet et Laroche-Joubert, entre autres, du 22 mai 1891, concernant l'obligation pour les établissements de l'État et les concessions faites pour plus de 5 ans ;

(1) Voir *infrà*, p. 173.

M. Naquet proposait, également, le 23 mai 1892 et le 28 novembre 1893, de subordonner la personnalité civile des sociétés anonymes à l'établissement de la participation aux bénéfices ;

Au cours de la législature 1902-1906 on relève les propositions Ballande (J. Off. 25 juin 1906, ann. 117, p. 601); Guillemet (J. Off. 22 juin 1906, ann. 136, p. 624) ; Constant et Cazanvielh (J. Off. 5 novembre 1905, ann. 3149, p. 393) ; Doumer (25 juillet 1906, ann. 2089, p. 438) ;

Le 26 novembre 1909, enfin, l'art. 1er d'une proposition de loi déposée par M. Fournade disposait en son art. 1er que « Tout commerçant, industriel ou agricul-« teur, toute société commerciale, industrielle ou agri-« cole est assujettie à la participation. »

PARAGRAPHE I : LA PARTICIPATION OBLIGATOIRE DANS

LES ENTREPRISES PRIVÉES

Section I. — Examen critique

C'est à propos de la participation rendue obligatoire pour les entreprises privées que se pose dans toute son ampleur la question de la légitimité comme de l'opportunité de l'intervention de l'État.

La légitimité, tout d'abord, de cette intervention est tout à fait contestable en son principe même.

Il suffit, dit M. Villey (1) « de considérer que la parti-

____

(1) Rapport sur le prix Corbay (1911), cité par TROMBERT, *op. cit.*, p. 15.

« cipation appelle l'ouvrier à participer aux bénéfices en
« l'exonérant des pertes, pour reconnaître que, à moins
« de fouler aux pieds les principes les plus élémentaires
« de la justice et du droit, il ne saurait être question de
« l'imposer ».

L'Etat répartiteur des bénéfices d'une entreprise privée quelconque alors qu'il lui est, de toute évidence,
impossible d'apprécier les conditions de formation de
ce bénéfice, les risques courus, tel est le principe qu'il
faudrait, semble-t-il, admettre, au préalable, pour que
puisse se justifier l'obligation en matière de participation
aux bénéfices.

« Les tentatives, dit, dans le même sens, M. Levas-
« seur (1), qui ont été faites ou qui pourraient l'être dans
« le sens de l'obligation ne sont pas plus autorisées par
« la raison que celles qui auraient pour but d'imposer à
« l'industrie le taux des salaires ou à l'agriculture le
« prix du fermage et les conditions du métayage. Elles
« sont en opposition avec le principe de la liberté du
« travail et de la propriété privée dont l'économie poli-
« tique, d'accord avec le sens commun, démontre la légi-
« timité et la fécondité ».

Rendue obligatoire, la participation n'équivaudrait-elle
pas à une fixation légale d'un taux minimum de salaires
fixation que le droit français a toujours repoussée (2) avec

(1) Rapport sur le concours de la participation au Musée Social
(Concours de Chambrun), cité par TROMBERT, *op. cit.*, p. 14.

(2) Car il faut établir une distinction fondamentale entre la fixation

juste raison ? L'intervention de l'État en pareille matière, est non seulement inquiétante (il suffit de penser aux conséquences, de la surenchère électorale), mais encore intempestive, parce qu'impossible à réaliser pratiquement. Si le salaire minimum est fixé trop bas il ramènera à son niveau la moyenne des salaires, s'il est fixé trop haut, il déterminera les patrons à ne plus embaucher que les ouvriers dont le travail vaut plus que ce minimum, réduisant au chômage tous ceux qui — novices, maladroits, infirmes — gagnent malgré tout leur vie en touchant un médiocre salaire pour un médiocre travail.

Ce n'est donc pas l'un des moindres dangers qu'aurait l'introduction de tout principe obligatoire en matière de participation aux bénéfices s'il devait, pratiquement, conduire au régime du salaire légal minimum, régime dont l'application en Australie, a confirmé toutes les craintes rappelées plus haut en ce qui concerne ses résultats économiques et sociaux (1).

par l'État d'un minimum général de salaires et la détermination d'un salaire minimum pour les femmes travaillant à domicile (loi du 10 juillet 1915) ou l'insertion, conformément au décret du 10 août 1899, dans les cahiers des charges des marchés de travaux publics de clauses obligeant les adjudicataires à se conformer au taux des salaires et à la durée du travail considérés comme normaux et courants dans la région où s'effectuent les travaux.

(1) En Australie, en effet, le taux surélevé du salaire minimum en augmentant le prix de revient a permis à la production étrangère de venir concurrencer victorieusement l'industrie nationale et les patrons ont opposé au principe du salaire minimum celui du rendement maxi-

Indépendamment de ces considérations, l'intervention de l'État pour imposer aux entreprises privées la participation aux bénéfices n'aurait pour premier résultat que de ruiner absolument l'institution en lui faisant perdre, tout d'abord, son efficacité comme moyen de paix sociale. Elle paralyserait son fonctionnement en lui imposant la rigidité de dispositions légales, forcément touffues et compliquées, qui, pour convenir à toutes entreprises ne satisferaient les exigences particulières et les nécessités vitales d'aucune.

Où il faut, si cette image est permise, le vêtement librement choisi par chacun à sa mesure et conformément à ses besoins, le législateur imposerait la camisole de force!

Section II

La participation obligatoire pour toutes les entreprises :
A) la proposition Emmanuel Brousse, Battle et Manaut.
B) La proposition Codet.

A) La proposition Emmanuel Brousse, Battle et Manaut (1).

Préoccupés du fait que la loi de 1917 (concernant les

mum, refusant d'embaucher des ouvriers médiocres. Encore faut-il remarquer, comme le fait M. PIC (*op. cit.*, p. 642 et suiv.), que ces constatations faites dans un pays auquel son éloignement facilite les expériences sociales acquièrent une force probante plus grande. A fortiori, quelles seraient les conséquences dans un état européen concurrencé de toutes parts d'une législation permettant la stabilisation des salariés à un taux artificiellement surélevé !

(1) Chambre, Doc. Parlem., année 1920, annexe 193.

actions de travail) a laissé de côté « l'idée même de la par-
« ticipation directe, individuelle et obligatoire du per-
« sonnel employé et salarié aux bénéfices d'une entreprise
« de quelque nature qu'elle soit » et pour réparer cette
lacune, les auteurs de la proposition de loi posent en son
article 1ᵉʳ le principe de l'obligation « pour toute per-
« sonne ou société passible de la contribution des pa-
« tentes ou se livrant directement ou comme intermé-
« diaire à une exploitation commerciale quelconque ».

Cette participation obligatoire est assurée par un prélèvement sur les bénéfices nets.

Ce bénéfice net sera déterminé « en suivant les règles
« antérieures propres à chacune des entreprises, déduc-
« tion faite de toutes sommes nécessaires à la réserve
« légale, s'il y a lieu, aux amortissements habituels des
« bâtiments et du matériel, à l'intérêt servi au capital
« dont le pourcentage ne pourra être supérieur de 2 %
« en sus du taux de l'escompte de la Banque de France,
« et, enfin, aux appointements patronaux. »

Ce prélèvement sur les bénéfices nets ainsi déterminés,
devra être au moins de 15 % : jusqu'à concurrence de
10 %, il sera réparti entre chacun des employés et salariés ayant six mois de présence au moins à l'entreprise, au prorata de leur salaire moyen annuel ;
les 5 % restants seront versés à une caisse syndicale
dont un règlement d'administration publique déterminera la compétence territoriale et la composition du conseil de gérance dont les membres devront appartenir aux
groupements professionnels.

Cette caisse assurera le groupement par profession des prélèvements qui lui seront ainsi versés et leur répartition, en fin d'année, entre tous les ayants droit (employés et ouvriers ayant exercé la profession envisagée pendant 6 mois au moins).

Telles sont, dans leurs grandes lignes, les dispositions de la proposition de loi, qui s'appliqueront également « à l'État et autres personnes morales administratives, et auxquelles devront se conformer les actes de concession et les cahiers des charges. »

Nous ne reviendrons pas sur le principe même de l'obligation ainsi imposée à toutes les entreprises, quelles qu'elles soient. Nous examinerons brièvement les modalités auxquelles les auteurs du projet ont crû devoir s'arrêter pour : a) la détermination du bénéfice net ; b) le mode de détermination du dividende de participation ; c) l'emploi de la somme ainsi prélevée et son mode de répartition entre les ayants droit, spécialement la création d'une caisse syndicale régionale.

a) Dans l'exposé des motifs les auteurs de la proposition, commentent en ces termes les dispositions de l'art. 3, relatives au calcul du bénéfice net : « il a paru expédient « de calculer le bénéfice net, et cela par référence avec « la législation déjà intervenue en matière d'impôt sur « les bénéfices de guerre et d'impôt sur le revenu, d'après « les règles antérieures propres à chacune des entreprises. « C'est au chef d'entreprise qu'incombera la charge du « calcul et de la justification des bénéfices réalisés ».

La détermination du bénéfice sur lequel sera prélevée

la part destinée au personnel se fera donc conformément aux règles adoptées en matière fiscale, dans la mesure, toutefois où ces règles n'auront pas été modifiées expressément : les exigences du fisc, toujours en quête de ressources nouvelles, ne se confondent pas avec celles d'un bon fonctionnement de l'institution.

Pour la perception de l'impôt sur les bénéfices industriels et commerciaux, deux procédés fonctionnent simultanément : déclaration du bénéfice net *réel*, taxation d'office du bénéfice net *présumé*, apprécié d'après le chiffre d'affaires. C'est le premier mode, obligatoire pour les sociétés anonymes, qui comporte la détermination de ce qu'il faut entendre par « bénéfice net », c'est le seul, dont, à ce titre, on puisse suivre les règles en notre matière.

Il ne peut s'agir, en effet, de prendre comme base d'application de la participation, le bénéfice présumé dégagé du chiffre d'affaires par application de coefficients.

L'art. 4 de la loi du 31 juillet 1917 déclare que l'impôt porte sur le « bénéfice net, après déduction de toutes char-« ges, y compris la valeur locative des immeubles affec-« tés à l'exploitation et les amortissements généralement « admis d'après les usages de chaque nature d'industrie « et de commerce. »

Il résulte de l'interprétation de ce texte, dont, toutefois, une pratique plus longue tirera encore des conséquences, des travaux préparatoires et des documents administratifs, que ne doivent pas être déduits : l'intérêt des capitaux appartenant à l'exploitant, sa rémunération, les sommes affectées aux réserves ou consacrées à l'extension de l'entreprise. Le fisc considère, en effet, ces éléments comme des emplois du bénéfice réalisé et non comme des charges le grevant (1).

Il était donc nécessaire, que soit indiqué dans la proposition de loi, que, contrairement aux principes admis en matière fiscale, l'intérêt servi au capital, sans distinguer s'il s'agissait de capital emprunté ou appartenant en propre au chef d'entreprise ainsi que les appointements patronaux, seraient déduits avant que n'apparaisse le bénéfice net dont une part reviendra aux participants. Mais il eut été indispensable aussi, semble-t-il, que fussent mentionnées, parmi les prélèvements autorisés avant partage, toutes les sommes affectées à des réserves, autres que les réserves légales : de telles sommes mises en réserve par une mesure de prudence et de prévoyance du chef d'entreprise, ne doivent subir aucun autre prélèvement que celui de l'impôt quand le chef d'entreprise estime leur existence nécessaire.

b) En fixant à 15 % minimum, le taux du prélèvement sur les bénéfices ainsi déterminés, le projet adopte pour la détermination du dividende de participation, la méthode du taux déterminé, alors que, nous l'avons vu (2) il en existe plusieurs autres, notamment la détermination d'après l'importance relative des deux facteurs de la production — capital et travail — qui, moins arbitraire que

(1) Cf., notamment, Notions élémentaires sur les impôts directs : Bénéfices industriels et commerciaux, p. 299, 321.

(2) *Supra*, chap. II, p. 31.

la première, est employée avec succès dans nombre d'entreprises.

Il impose, ainsi, à toutes les entreprises, quelles que soient leur nature et leurs conditions particulières. de fonctionnement, un mode unique de prélèvement de la part revenant au personnel. On méconnaît, ainsi, cette donnée fournie, croyons-nous, indiscutablement par l'expérience qu'en matière de participation aux bénéfices il ne peut y avoir que des questions d'espèces et que toute réglementation générale, impersonnelle est vouée d'avance à l'insuccès.

Le régime de la participation obligatoire instauré dans ces conditions, que deviendront les formes diverses de participation existantes qui différeront de la forme légale? Les entreprises devront-elles renoncer à une institution qui fonctionnait avec ses modalités propres à la satisfaction de tous, pour adopter la forme légale — qu'elles n'avaient pas crû devoir adopter, alors que son choix ne s'imposait à elles que par ses seuls avantages? Dans cette hypothèse, la loi n'aura-t-elle pas pour premier effet que de compromettre le succès des applications existantes du régime qu'elle se propose de généraliser ?

c) Les dispositions précédentes du projet n'encouraient, somme toute, que le reproche d'ordre général que l'on peut adresser à toute réglementation légale adoptant une méthode déterminée là où les exigences de la pratique en ont révélé plusieurs parmi lesquels un libre choix doit être laissé aux intéressés. Un plus grave doit être adressé au mode de répartition imaginé par les auteurs de la proposition et établissant, pour partie, une « péréquation » des bénéfices entre les ouvriers et employés d'une même profession régionale.

Tout en reconnaissant que, pour remplir son but « la « participation aux bénéfices doit récompenser le travail « qui a permis à une entreprise de prospérer et d'être « plus rémunératrice que ses concurrentes » (1), MM. Brousse, Battle et Manaut redoutent l'inégalité choquante que présenterait la répartition en faveur des ouvriers d'une entreprise prospère alors que ceux d'une usine voisine déficitaire ne toucheraient aucun bénéfice, malgré un travail aussi intensif. Une telle inégalité créerait, en outre, des compétitions entre le personnel des exploitations rivales, occasionnerait des crises et des flottements de main-d'œuvre. Le remède à ce danger, les auteurs de la proposition croient l'avoir trouvé dans une répartition mixte, individuelle jusqu'à concurrence de 10 % de son montant, collective pour le surplus. Les 5 % restants seront versés à une caisse syndicale régionale qui en opérera la répartition par profession entre le personnel de la région.

Ces craintes sont-elles justifiées et, surtout, le remède proposé n'est-il pas pire que le mal ?

Il faut remarquer, tout d'abord, qu'à l'heure actuelle déjà la situation des ouvriers n'est pas, pour une même profession, la même dans toutes les entreprises ; la rémunération totale de l'ouvrier — en admettant même que le taux du salaire proprement dit y soit rigoureusement

(1) Exposé des motifs, *loc. cit.*

égal pour chaque catégorie d'ouvriers et d'employés —
est susceptible d'assez grandes variations : ceux des entreprises les plus prospères bénéficient en effet, d'avantages multiples — pécuniaires ou matériels, gratifications de fin d'année, primes, institutions de prévoyance, etc... — dont ne profitent pas leurs camarades employés dans les entreprises moins florissantes.

Si l'application généralisée de la participation — et non point seulement dans l'hypothèse considérée où cette généralisation serait le fait de la loi — contribuait à attirer dans les entreprises vraiment capables de concurrence la main-d'œuvre — et le capital — il ne faudrait donc nullement le redouter ni encore moins y porter entrave dans l'intérêt supérieur du développement de la production nationale.

Nous venons de parler du « capital », facteur inséparable de la main-d'œuvre dans toute œuvre de production, la péréquation prévue par le projet devrait également être établie en sa faveur ! Logiquement, et pour les mêmes motifs — si on leur reconnaît une valeur — il faudrait décider que les actionnaires des entreprises qui donnent de gros dividendes en abandonneront une partie en faveur des actionnaires de celles qui n'en donnent pas — ou de très faibles !

Le remède qui nous est proposé pour un mal qu'il ne faut, semble-t-il, guère redouter, va directement à l'encontre du principe même de la participation qui doit en effet « pour conserver son caractère véritable ét garder « sa pleine valeur matérielle et morale rester une insti-

« tution propre à la maison où elle est organisée et don-
« ner des parts individuelles aux seuls collaborateurs de
« la maison » (1).

Sans doute, peut-on dire, une large part est laissée à la
répartition individuelle, mais celle-ci n'en sera pas moins
amputée du tiers de son montant et l'intérêt que le personnel portera à l'institution, qui est directement propor-
tionné aux avantages qu'elle lui procure, s'en trouvera
diminué d'autant.

Il y a les plus grandes chances, en effet, pour que le
produit de la répartition collective soit, dans la plupart
des cas très faible ; il n'est donc pas téméraire de craindre que le but proposé ne soit que bien rarement atteint
et que cette péréquation sans satisfaire personne risque,
au contraire, d'être une source de mécontentements et de
conflits.

Quelle sera, exactement, au demeurant, la caisse syndicale, l'art. 7 du projet, qui s'en remet du soin de son
organisation à un règlement d'administration publique,
précise seulement qu'elle sera composée de représentants des groupements professionnels — patronaux et
ouvriers, ou seulement ouvriers ?

La tâche de cet organisme ne sera pas mince, en tout
cas, et son fonctionnement, qui exigera une formidable
paperasserie, une comptabilité compliquée, très onéreux ! (La rémunération de ses membres et de ses ser-

(1) Réponse de la Société pour l'Etude de la participation aux bénéfices, au questionnaire du docteur Werner Feilchenfeld, de Berlin
(Bulletin 1919, p. 182 et suiv.).

vices ne risque-t-elle pas d'absorber le plus clair des bénéfices qu'il aura à répartir ?)

La répartition individuelle se fera, tant par les soins des chefs d'entreprises que par la caisse syndicale, uniquement au prorata du salaire moyen annuel ; pour y avoir droit ou exige seulement un stage de 6 mois dans l'établissement, alors que l'on peut estimer (1) que d'autres facteurs pourraient être également pris en considération et combinés avec le taux du salaire comme mesure équitable des services rendus par chacun et, partant, comme bases de détermination des parts individuelles.

On ne trouve dans le projet aucune mention de la question du contrôle des comptes : il eut été utile cependant que le texte qui se propose d'être la charte de la participation aux bénéfices prît nettement parti à ce sujet : soit pour déclarer que le montant des bénéfices établi conformément à l'art. 3 s'imposerait aux participants et qu'aucune contestation ne serait, en conséquence, admise à son sujet, pouvant donner lieu à vérification spéciale par les intéressés, soit, au contraire, pour organiser un contrôle qui concilie les légitimes exigences en présence.

Nous n'insisterons pas davantage sur les objections de tous ordres que soulève, tant dans son principe même que dans ses diverses modalités, cette proposition de loi.

Elle a été renvoyée à la Commission du travail de la Chambre qui a adressé à son sujet un questionnaire aux

____

(1) *Suprà*, chap. II, p. 36.

milieux intéressés — patronaux et ouvriers. C'est après avoir dépouillé les réponses à ce questionnaire que le rapporteur de la Commission, M. Justin Godard, déclarait au Congrès organisé par le Comité de défense sociale et de développement économique : « Que la parti-« cipation aux bénéfices doit dépendre d'une con-« vention libre. Tous ceux qui l'ont créée, ceux « qui l'ont pratiquée et ceux qui l'ont étudiée ont tou-« jours réclamé un régime de liberté. Et en vérité, moi « qui ne crains pas l'intervention de l'Etat dans les rela-« tions entre le capital et le travail, je pense, cependant, « que dans ce domaine, il n'est pas possible que par une « loi on puisse fixer l'obligation de l'application d'une « méthode qui est d'une variété et d'une complexité « tellement infinies qu'il est impossible de la saisir et de « la codifier dans un texte ».

On ne saurait mieux dégager l'impérieuse nécessité que présente pour la participation, un régime de liberté · Les paroles de son distingué rapporteur, permettent, croyons-nous, de préjuger, sans trop de témérité, quel sera en définitive l'avis de la Commission du travail.

B) *La proposition de loi Jean Codet* (1).

M. Codet est persuadé qu'en réunissant par un intérêt commun les trois forces de la production — intelligence, travail, capital — on réalisera une meilleure organisation du travail. La participation aux bénéfices suscite cet intérêt commun et consacre un principe de jus-

____

(1) Sénat, Doc. parlem. année 1920, annexe 227, p. 192.

tice ; l'appât d'un bénéfice à partager, en sus du salaire, excite l'ardeur et le goût de l'ouvrier et il en résulte une augmentation de production pour une même durée de travail ».

Ce sont ces avantages qui militent en faveur de l'obligation, aussi sa proposition de loi a-t-elle pour but de rendre la participation aux bénéfices des ouvriers et employés obligatoire « pour toutes les sociétés quelle « qu'en soit la forme, pour tous les monopoles exploités « par l'Etat qui devront être industrialisés et pour tous « les patrons gérant eux-mêmes leurs affaires ». (Pour les sociétés anonymes et les commandites par actions cette participation s'exercera dans les formes de la loi du 26 avril 1917, par la création d'actions de travail).

L'organisation de cette participation aux bénéfices ne va pas, toutefois, sans grandes difficultés : pour y parer, l'auteur de la proposition la confie à des conseils du travail : conseils locaux (art. 4) et conseils régionaux (art. 5). Ces conseils locaux seront composés d'un nombre égal de patrons et d'ouvriers ou d'employés élus par leurs semblables, auxquels s'adjoindra un représentant de l'Etat nommé par le ministre ou par son délégué, qui les présidera (art. 4). Les membres des conseils locaux élisent les membres des conseils régionaux (art. 5).

Un conseil supérieur du travail dont l'art. 6 définit la composition siège à Paris (1), il déterminera le nom-

(1) Il est composé de 5 sénateurs élus par le Sénat, de 10 députés, de cinq conseillers d'Etat nommés par le ministre, de 5 représentants des Conseillers régionaux élus par ces Conseils.

bre des régions industrielles et commerciales, le nombre
des conseils de chaque région et le nombre de leurs
membres (art. 9). Les pouvoirs de ce conseil suprême ne
se limitent pas là, ses délibérations pouvant porter sur
toutes les questions concernant le travail (art. 8), mais
ne sont toutefois obligatoires que lorsqu'elles ont été
l'objet d'un décret rendu par le Président de la République, sur la proposition du ministre du travail.

Le conseil régional déterminera, après avoir consulté
à cet effet les conseils locaux, le taux de la participation
pour chaque genre de commerce et d'industrie, et pour
chaque catégorie d'employés et d'ouvriers dans un même
commerce ou industrie, sans que ce taux puisse, toutefois, être supérieur à 33 % (art. 10). L'intérêt à accorder
au capital sera également déterminé par le conseil régional après avis des conseils locaux (art. 11).

Enfin, le conseil déterminera le chiffre du prélèvement qui devra être effectué avant partage des bénéfices
et versé à une caisse de secours destinée à faire face aux
pertes et aux chômages et dont la gestion et l'emploi des
fonds sont confiés au conseil régional (art. 12 et 16).

Toutefois, ces décisions ne seront obligatoires qu'après
avoir reçu l'approbation du conseil supérieur à l'examen
duquel elles doivent être soumises et avoir fait l'objet
d'un décret.

Le conseil régional pourra être choisi comme arbitre
dans toutes les difficultés entre patrons et ouvriers
(art. 15).

L'exécution de la loi et des décrets qui en seront la

conséquence sera assumée par des inspecteurs des finances, astreints au secret professionnel, qui auront tous pouvoirs pour se faire présenter les livres ainsi que tous les documents qu'ils jugeront utiles (art. 17, 18, 19).

Son inobservation entraînera des amendes de 100 jusqu'à 10.000 francs prononcées, sur le rapport des inspecteurs et à la requête du ministère public, par les tribunaux civils compétents. Prison jusqu'à 2 ans en cas de deuxième récidive. Les amendes seront versées à la caisse régionale de réserve des condamnés (art. 20, 21, 22, 23).

Telles sont, brièvement résumées, les dispositions de la proposition de M. Codet. Il faut leur reconnaître le mérite de ne point imposer, comme le fait la proposition de M. Brousse, une règlementation rigide, rigoureusement identique pour toutes les entreprises.

Ces dernières pourront, au contraire, adopter telles modalités d'applications — taux, mode de répartition, intérêt réservé au capital — que les intéressés eux-mêmes, par l'organe de leurs représentants aux conseils locaux et régionaux, estimeront le plus appropriés à chaque genre de commerce et d'industrie.

Cet avantage certain ne peut, toutefois, faire perdre de vue l'organisation infiniment complexe à l'aide de laquelle il est obtenu — organisation dont, au demeurant, la création et le fonctionnement n'iraient point sans des difficultés qui risqueraient fort d'en compromettre l'efficacité. Il est rien moins que certain, en effet, que l'examen des questions délicates dont la mise en pratique de la participation aux bénéfices exige la solution, puisse être confié, hors du cercle intime de chaque entreprise, à des conseils où les questions politiques et les questions de personnes risquent rapidement de passionner les discussions. La participation aux bénéfices risquerait ainsi, croyons-nous, de perdre son caractère d'instrument de collaboration et de paix entre les deux facteurs de la production pour devenir rapidement la source de conflits — et cela avant même d'avoir pû être appliquée !

L'effort fait dans la proposition de loi pour sauvegarder deux principes opposés en cherchant à conserver, malgré l'obligation légale, une certaine place à l'initiative et au libre choix des intéressés, illustre l'impossibilité d'assurer par une intervention légale le succès de la participation et son développement normal.

La quatrième commission d'initiative parlementaire, par l'organe de son rapporteur, M. Perreau a, d'ailleurs, repoussé la prise en considération de la proposition de M. Codet (1).

Section III : La participation obligatoire pour certaines entreprises. Proposition de loi de MM. Maillard et Bureau.

La proposition de MM. Maillard et Bureau (2) a pour

(1) Sénat, Doc. Parlem., année 1920, annexe 297, séance du 30 juin.
(2) Chambre, Doc. Parlem., année 1920, annexe 229, p. 112 : Proposition de loi tendant à autoriser le commerce à risque limité avec association du capital et du travail.

but, comme l'indiquent ses auteurs, « de combler d'un seul coup deux lacunes de notre législation actuelle » et traite ainsi, de deux questions bien distinctes.

Elle tend, d'une part, à autoriser *les Sociétés à risque limité* et leur impose, d'autre part, l'obligation d'associer les ouvriers aux bénéfices (1).

Nous n'avons pas ici, à étudier la société à risque limité, nous ne retiendrons, en conséquence, des dispositions de la loi que celles concernant l'organisation de la participation aux bénéfices.

Les statuts de ces nouvelles sociétés à risque limité (déposés, conformément aux formalités prescrites par les art. 55 et suivants de la loi du 24 juillet 1867 et par la loi du 18 mars 1919), doivent contenir une « clause « d'association du capital engagé avec le travail fourni « par les employés et ouvriers de l'établissement commercial » (art. 2).

« Cette clause d'association » doit obligatoirement préciser aux termes de l'art 3 :

1°) Le taux des intérêts servis au capital engagé — intérêts qui seront passés aux frais généraux —, ce taux ne pouvant jamais dépasser de plus de 1 % le taux appliqué par la Banque de France pour les avances sur titres (2) ;

2°) Le taux des amortissements à faire subir lors des inventaires et qui doit être normal et courant ;

____

(1) Cette participation aux bénéfices obligatoire ne s'appliquant qu'à la société à responsabilité limitée.

(2) Soit, au moment où nous écrivons ces lignes, 6,50 %.

3°) L'importance des prélèvements autorisés pour la gérance de l'établissement : pour chaque gérant, ces prélèvements ne doivent pas être supérieurs au double du salaire de l'employé, ouvrier ou contre-maître, le mieux rétribué, tout dépassement sera imputé à la part de bénéfices revenant au capital ;

4°) Importance du prélèvement à faire sur les bénéfices nets pour la constitution d'un fonds de réserve ou de prévoyance (ce fonds restant la propriété du commerçant ou de la société) ;

5°) La quote-part des bénéfices attribuée au travail du personnel, quote-part qui ne peut être inférieure à 40 % et qui est calculée sur les bénéfices nets restant à répartir après le prélèvement destiné au fonds de prévoyance ou de réserve.

Quant à la répartition, elle s'effectuera, pour chaque participant, au prorata du salaire touché par lui pendant l'exercice écoulé ; non seulement aucune condition d'admission n'est ainsi imposée, mais l'ouvrier qui a quitté l'établissement en cours d'exercice ne conserve pas moins le droit de toucher « le prorata de bénéfices attri- « bué à son salaire acquis pendant le temps où il a tra- « vaillé dans cet établissement » (art. 4).

Pour éviter toute suspicion sur la manière dont les inventaires ont été établis, leur contrôle sera assuré par un expert comptable désigné pour chaque établissement par le Premier Président de la Cour d'appel et dont les émoluments seront taxés par le président du tribunal de Commerce (art. 6).

C'est à cet expert comptable qu'est confiée la mission de dresser l'état de répartition des bénéfices attribués au travail ; il établit pour cela pour chaque ouvrier ou employé une fiche de répartition indiquant, dit l'art. 7, « la part globale de bénéfices attribuée au personnel, « l'importance du prorata, la part lui revenant par appli- « cation du prorata et la date de paiement de cette part « qui ne pourra être éloignée de moins de 15 jours ou « de plus de 2 mois ».

Malgré cette procédure destinée à permettre aux inté- ressés de se rendre compte que leurs droits respectifs ont été impartialement vérifiés, les auteurs de la propo- sition ont tenu à réserver encore aux participants, en cas de doute, la possibilité d'une contre-expertise. Celle-ci réglée par l'art. 9, compliquée et onéreuse, ne semble pas devoir être mise en œuvre facilement par les ouvriers. Elle apparaît, surtout, comme le correctif, en quelque sorte, des dispositions de l'art. 8 qui précisent expressé- ment que les participants ne peuvent s'immiscer dans l'administration de l'établissement ni critiquer, en aucune façon, la gestion du ou des gérants.

Là, ne se borne point encore la mission de l'expert comptable qui apparaît, aussi, comme un auxiliaire du fisc : en vue « d'assurer sur des bases indiscutables la perception de l'impôt cédulaire sur les bénéfices indus- triels et commerciaux et sur les traitements et salaires », l'expert devra obligatoirement communiquer à l'admi- nistration des Contributions l'inventaire qu'il a vérifié [sans préjudice des communications prescrites par les lois du 23 août 1871 (art. 22) et 21 juin 1875 (art. 7)].

Ces dispositions de l'art. 10 ne seront point, croyons-nous, pour engager les industriels à adopter la nouvelle forme de société qu'on leur offre — avec son corollaire de participation obligatoire; quant aux ouvriers, si rebelles à l'impôt sur les salaires, elles ne constitueront, pas non plus pour eux une raison d'accueillir avec enthousiasme la participation.

Pourvoyeur du fisc, l'expert comptable le sera, également, du syndic de faillite ou du liquidateur judiciaire : quand il lui apparaît que le passif d'une entreprise est supérieur à son actif, il doit, en effet, aviser le tribunal qui, après avoir entendu le ou les gérants, peut prononcer la dissolution de l'association en nommant un liquidateur ou lui faire l'application de l'art. 437 Code Comm. (art. 11) (1).

Remarquons, en outre, qu'un établissement dont l'actif est inférieur au passif *exigible* ne peut être qu'en état de cessation de paiement. Si, au contraire, ce passif n'est pas immédiatement exigible, il pourra y être fait face ultérieurement. Inutile dans le premier cas, l'intervention de l'expert aura dans le second pour effet de compromettre définitivement une situation momentanément embarrassée.

Dans son ensemble, la proposition de MM. Maillard et Bureau soulève le plus grave reproche d'ordre général :

____

(1) Ainsi, contrairement à l'art. 2 de la loi du 4 mars 1889, la liquidation pourra se trouver prononcée d'office !

demander aux sociétés à responsabilité limitée de servir de champ d'expérience à la participation aux bénéfices, c'est risquer presqu'à coup sûr de compromettre définitivement le succès et la mise en pratique heureuse de l'une et de l'autre.

Si on admet, tout d'abord, que la participation aux bénéfices puisse et doive être rendue obligatoire, il n'y a aucune raison pour limiter son application à telle ou telle forme d'entreprise. Toute tentative de ce genre constitue une demi-mesure que rien ne justifie ni en droit ni en fait, et dont on ne peut attendre aucun résultat favorable. *A fortiori*, une raison d'opportunité évidente interdit absolument de procéder à une telle expérience avec une forme nouvelle de société à laquelle le monde des affaires devra déjà s'accoutumer.

Aussi, la Commission du commerce de la Chambre a-t-elle disjoint l'obligation « d'association du capital et du travail », et borné son étude à la société à responsabilité limitée (1).

Indépendamment de cette considération, les dispositions que nous venons de relater appelleraient les mêmes observations que celles formulées à l'encontre des propositions examinées précédemment : elles ne sauraient, sans arbitraire, sans constituer une entrave au dévelop-

---

(1) Pour l'organisation de cette dernière, elle a adopté d'ailleurs le projet de loi présenté par le ministre du Commerce. Ce projet a été adopté par la Chambre le 10 juillet 1923 (Chambre, Doc. Parlementaire, p. 3327).

pement des entreprises, être imposées indistinctement à toutes, quelle que soit leur nature particulière.

Paragraphe 2 : La participation dans les entreprises concédées.

Dans les formes d'intervention en faveur de la participation obligatoire que nous venons d'examiner, l'Etat intervenait en tant que puissance publique, mais son intervention peut se produire à d'autres titres.

Tout d'abord à titre de patron : dans les manufactures et exploitations qu'il gère lui-même « l'Etat-patron » peut, comme un particulier, adopter tel mode de rémunération de son personnel qui lui convient, la participation aux bénéfices notamment, dont l'application ne devient plus, ainsi, qu'une question d'opportunité et d'adaptation au caractère propre de chacune de ces entreprises.

Il est évident, par exemple, que pour celles de ces entreprises qui fabriquent des produits (tabacs, allumettes) dont le prix de vente est formidablement majoré du montant de l'impôt qui y est incorporé, on ne saurait faire participer les ouvriers au produit de cet impôt. Il y aurait donc à faire une discrimination, à déduire de ce prix de vente tout ce qui y constitue l'impôt, pour déterminer un prix *commercial* de vente.

M. Codet en précisant dans l'art. 1 de sa proposition que la participation est applicable à tous les monopoles exploités par l'Etat « qui devront être industrialisés » fait, ainsi, allusion aux modifications que la participation entraînerait dans les conditions d'exploitation de ces monopoles. L'art. 9 de la proposition Brousse est muet sur ce point.

S'agissant, maintenant, d'entreprises qu'il concède, l'Etat y imposera la participation, non plus comme patron mais comme contractant : la participation constituant une condition qu'il lui est loisible de faire figurer dans l'acte de concession.

C'est en cette même qualité de co-contractant que, par une clause insérée dans les cahiers des charges, il imposera la participation à tous les adjudicataires de travaux ou de fournitures.

Dans toutes ces hypothèses, on se saurait faire valoir l'objection de principe formulée précédemment quand il s'agissait, en fait, pour l'Etat de puiser dans sa seule qualité de puissance publique le pouvoir d'intervenir dans la répartition des richesses, pouvoir qu'on ne saurait lui reconnaître dans les conditions économiques et sociales où nous vivons.

En faveur de cette forme d'intervention, que de nombreuses propositions de loi ont voulu consacrer (1), on peut faire remarquer que nul n'est mieux placé que l'Etat pour faire tant par lui-même que par l'intermédiaire de ses concessionnaires ou de ses adjudicataires, des expériences sociales ; qu'il se doit d'être un

(1) Cf. *supra*, p. 133.

employeur modèle et d'appliquer toutes les modalités susceptibles d'améliorer la situation des travailleurs, comme les bons rapports entre employés et employeurs.

La participation ainsi adoptée par les entreprises publiques s'imposerait tout particulièrement à l'attention : ce serait pour elle la meilleure propagande.

Il ne faut pas oublier, toutefois, qu'en réalité, les services publics ne sont pas exploités en vue de la réalisation de bénéfices et, qu'en conséquence, la participation ne pourrait, le plus souvent y être instaurée que dans des conditions tout à fait spéciales qui devraient être appropriées à la nature de chacun d'eux, afin d'éviter, surtout, que l'application de ce régime n'ait, pour simple conséquence, que d'en rendre le fonctionnement plus onéreux.

Une telle crainte peut, tout particulièrement, être conçue si on impose la participation aux adjudicataires de travaux ou fournitures. Ces derniers ne chercheront-ils pas, en consentant des rabais moins avantageux, à compenser le sacrifice, la charge nouvelle qui résultera pour eux de la participation ? Cette dernière, serait donc, en fait, supportée par l'administration c'est-à-dire, par les contribuables ! Dans de telles conditions, la valeur de propagande qu'on entend attacher à une initiative généralisée prise par l'Etat en faveur de l'institution risque fort d'être plutôt négative.

Le prestige de la participation n'a rien à gagner à des expériences qu'on voudrait tenter, coûte que coûte, au nom d'un principe en les généralisant à toutes les entreprises soit exploitées directement par l'Etat (les départements et les communes), soit concédées par lui, et à tous les adjudicataires de travaux et de fournitures.

Quoiqu'il en soit, au demeurant, de ces considérations, cette forme d'intervention a été réalisée dans la pratique avec : la loi du 9 septembre 1909 sur les Mines ; la loi du 16 octobre 1919 relative à l'utilisation de l'Energie électrique et, enfin, — quoique sous une forme un peu spéciale, — avec la loi du 29 octobre 1921, concernant le nouveau régime des Chemins de fer.

A. — *La loi du 9 septembre 1919.*[1]

La loi du 9 septembre 1919 qui a modifié la loi organique sur les Mines du 21 avril 1810 en ce qui concerne la durée des concessions qui ne seront plus perpétuelles mais temporaires, a réalisé, également, comme deuxième trait essentiel du nouveau régime qu'elle instaure, la participation de l'Etat et du personnel aux bénéfices.

L'introduction de la participation en faveur du personnel est due à l'initiative de la Commission sénatoriale. Son rapporteur, M. Jenouvrier, après avoir rappelé que la participation ne peut être que la conséquence d'un consentement libre de la part de l'employeur et de l'employé, sans que l'Etat puise dans sa fonction le droit d'intervenir, déclarait qu'il en va autrement dans le sujet que nous étudions, « ici, l'Etat est un contractant, il concède à un concessionnaire l'exploitation de choses qui sont à la disposition de la nation qu'il représente, il peut donc mettre à la concession qu'il accorde telle condition que bon lui semble (1). »

Cette participation du personnel aux bénéfices sera prélevée sur celle de l'Etat, et du quart de celle-ci. Un cahier des charges-type approuvé par le Conseil d'Etat et décret du Président de la République du 21 avril 1920 (2) en précise, conformément à l'art. 2, 8° et 9° de la loi, les modalités dans les conditions suivantes :

La part due à l'Etat et au personnel sera prélevée sur l'excédent du bénéfice par rapport à l'intérêt réservé au concessionnaire avant partage. Le taux de cet intérêt réservé sera calculé, aux termes de l'art. 16, en ajoutant 2 % au taux du revenu de la rente française comportant l'intérêt nominal le plus élevé d'après le cours moyen de cette rente pendant la période déterminée.

L'intérêt réservé sera cumulatif ; en conséquence, si le bénéfice lui est inférieur dans certaines années, la différence sera reportée aux années subséquentes, de telle sorte que le super-bénéfice à partager n'apparaisse que quand tout l'arriéré aura été comblé.

La part de l'Etat et du personnel sera calculée d'après l'importance du super-bénéfice par rapport au capital. Cette part sera, aux termes du cahier des charges-type et sauf convention contraire (art. 16), de 10 % sur la fraction du super-bénéfice inférieure à 2 % de ce capital,

(1) Cf. Sénat, Doc. Parlem., année 1919, annexe 152.
(2) J. Officiel, 24 avril 1920, p. 6327.

de 15 % sur la fraction du super-bénéfice comprise entre
2 et 4 %, de 20 % sur la fraction du super-bénéfice entre
4 et 6 %, etc., jusqu'à 75 % de la fraction du super-bénéfice excédant 100 % de ce capital, sans que la progression
continue au delà de cette proportion.

Le capital auquel correspondra l'intérêt réservé et qui
servira de base pour le barême que nous venons d'indiquer, comprendra (art. 17) le fonds de roulement, la
part immobilisée constituée par le montant des dépenses
réellement faites pour l'exploitation du gisement et la
constitution de la société, plus, s'il y a lieu, l'indemnité
mise à la charge de la société au profit de l'inventeur,
moins les amortissements portés au compte d'exploitation.

Le bénéfice d'une année, d'après lequel sera déterminé
le super-bénéfice, est l'excédent des recettes d'exploitation sur les dépenses d'exploitation et les amortissements
(art. 18). Entrent en compte toutes les opérations consé-
cutives et accessoires à l'exploitation de la mine qui, aux
termes 4 de la loi de finances du 8 avril 1910, sont com-
prises dans le calcul du produit net pour le calcul de la
redevance proportionnelle.

L'article 27 du cahier des charges-type détermine ainsi
l'emploi de la quote-part du super-bénéfice attribuée au
personnel :

Elle sera versée à la caisse autonome de retraites des
ouvriers mineurs, à moins toutefois que des ouvriers ou
employés représentant plus de 20 % de l'effectif total du
personnel ne réclament une répartition individuelle par

une pétition adressée au Ministre de qui relèvera la caisse. Dans ce cas, on procèdera à un vote (1) à l'effet d'établir si la majorité désire renoncer au versement à la caisse autonome des retraites pour adopter la répartition individuelle.

Si la majorité se prononce pour cette dernière, le Ministre fera procéder à un second vote par lequel les ouvriers et employés désigneront cinq délégués chargés de préparer un projet de règlement pour cette répartition. Ce règlement homologué par le Ministre ne pourra être modifié avant 5 ans. Cette modification, il y serait procédé à la requête d'ouvriers ou employés représentant plus de 20 % de l'effectif total du personnel et dans les mêmes formes.

Si, en principe, la loi (art. 2) laisse l'emploi du produit de la participation à l'appréciation des intéressés, le cahier des charges prend, ainsi, nettement parti en faveur de l'emploi collectif, la réserve faite par l'art. 27 concernant la possibilité d'instaurer la répartition individuelle semble, en effet, destinée plutôt à sauver les apparences et à demeurer à l'état de simple faculté.

Le motif de cette préférence doit être cherché, ainsi que l'indique M. Berthélemy (2), dans la crainte de s'écarter d'un principe de justice : à travail égal, salaire égal. Ce principe, la participation le respecte dans les entre-

_____

(1) Dans les conditions prévues par la loi du 29 juin 1894 pour l'élection des membres des Conseils d'administration des sociétés de secours des ouvriers mineurs.

(2) Traité de droit administratif, 10º édit., p. 752.

prises où les bénéfices peuvent varier suivant l'habileté plus ou moins grande du personnel. En est-il encore de même dans l'industrie minière ? S'il n'y est pas indifférent pour le concessionnaire d'avoir un bon personnel d'ouvriers laborieux, personnel que la participation contribuera sans aucun doute à lui assurer, il faut bien admettre, cependant, que le premier élément de prospérité réside dans l'importance et la valeur du filon.

Sans méconnaître la valeur de ces observations, on peut regretter cependant que l'attribution collective de la somme revenant au personnel à la Caisse des Retraites, décidée par le cahier des charges, laisse de côté l'idée même de la participation directe et individuelle aux bénéfices, qui nous paraît, seule, constituer vraiment un mode de rémunération du travail (1).

B. — *La loi du 16 octobre 1919*

Cette loi qui constitue la charte des modalités d'utilisation de l'Énergie électrique édicte la participation du personnel aux bénéfices et à la gestion dans le cadre de la loi du 26 avril 1917 (art. 28 — 10°). Nous ne la mentionnons que pour mémoire puisque nous avons écarté des limites de cette étude les actions de travail prévues par la loi ci-dessus rappelée.

C. — *La loi du 29 octobre 1921*

Quoique le nom « de participation aux bénéfices » ne

(1) Cf. *suprà*, chap. I.

soit pas prononcé dans la loi du 29 octobre 1921 approu-
vant la convention passée le 28 juin 1921 par le Ministre
des travaux publics et les grands réseaux, l'institution
d'une « prime de gestion » en faveur du personnel qui
constitue l'un des points les plus délicats du nouveau
régime, ne nous paraît pas moins intéressante à étudier
ici. Aussi examinerons nous, brièvement tout au moins,
les dispositions infiniment complexes de la convention
relative au calcul de la prime attribuée au personnel,
à sa répartition et à son mode d'emploi, dispositions
transactionnelles, dit M. Berthélemy (1), « destinées à
satisfaire ceux qui tiennent à introduire dans le régime
« des transports par voie ferrée un système, d'ailleurs
« chimérique, de participation aux bénéfices ».

La partie fondamentale de la réforme est constituée
par un ensemble de dispositions d'ordre financier destinées à établir la solidarité financière des réseaux, y compris celle du réseau de l'État. (Titre II, art. 13 à 21).

Cette solidarité trouve son expression, et son instrument, si l'on peut dire, dans l'institution d'un fonds commun qui encaissera les excédents des uns pour couvrir
le déficit des autres. En cas d'insuffisance du fonds
commun, des avances lui seront faites par le Trésor.
Ce jeu du fonds commun alimenté ainsi par le Trésor
et comportant le maintien des garanties d'intérêts aurait
risqué de transformer l'exploitation des chemins de fer
en régie désintéressée.

______

(1) *Op. cit.*, p. 699.

C'est pour éviter ce danger en intéressant les actionnaires et le personnel de chaque réseau au développement du trafic et à l'amélioration de la gestion que l'on a institué à leur profit respectif une prime composée des deux éléments suivants :

a) 3 % de l'excédent de la recette de l'exercice, considérée par rapport à celle de 1920 ;

b) 1 % de la diminution par rapport à l'exercice 1920 de l'insuffisance des recettes comparées aux dépenses ou, si les recettes sont supérieures aux dépenses, 1 % du total de l'excédent et de l'insuffisance de 1920.

Pour le calcul de la prime du personnel, toutefois, le taux des deux éléments, a et b, est doublé jusqu'à ce que ladite prime atteigne 1,50 % de la recette de l'exercice considéré servant de base au calcul de l'élément a. Une fois atteinte cette limite maximum, la prime s'accroîtra seulement du surplus des éléments a et b non doublés.

Non seulement la prime accordée au personnel, sera, en général, le double de celle allouée aux actionnaires, mais à la différence de ce qui existe pour cette dernière, elle est toujours intégralement acquise aux agents quelle que soit l'importance de son montant et quels que soient les résultats financiers de l'exercice.

Au contraire, la prime revenant aux actionnaires est susceptible d'une pénalité égale à 2 % s'il y a accroissement du déficit de l'exercice par rapport à 1920, et si elle dépasse un maximum déterminé, le surplus doit être versé au fonds commun en totalité ou en partie.

On voit que tous les efforts ont été faits pour que le produit de la prime atteigne et conserve un montant susceptible d'intéresser les agents.

La prime déterminée, comment est-elle répartie ? Aux termes du décret d'administration publique du 28 septembre 1922 :

1° Le 1/4 en est réparti uniformément entre tous les agents qui ont reçu une gratification au titre de l'exercice correspondant. Toutefois, les agents du personnel à service discontinu ne reçoivent que la 1/2 de la somme allouée aux autres agents ;

2° Le surplus est réparti entre les agents commissionnés ou confirmés, à service continu ou non, au prorata de nombres obtenus en multipliant le dixième de la note de mérite par un coefficient allant de 0.15 à 18 suivant l'échelle de traitement dans laquelle est placé l'agent.

Restait à régler la question de l'affectation de la part de prime revenant ainsi à chaque agent. Lui imposerait-on un mode d'emploi déterminé : versement obligatoire à des œuvres d'intérêt collectif ou, au contraire, la lui remettrait-on avec la faculté d'en disposer comme il l'entend ? Les partisans des deux systèmes se sont affrontés à ce sujet ; finalement, le système de liberté l'a emporté, et l'art. 3 règle ainsi l'emploi de la part disponible revenant à chaque agent.

Pour chaque réseau, il est créé une société commerciale coopérative du personnel dont les statuts seront approuvés par décret, et le conseil d'administration composé uniquement d'agents en activité. C'est à cette société que l'agent *pourra* verser la moitié de sa part de prime. La coopérative devra placer tous les fonds dont elle dispose, soit en actions de son réseau (sans que le placement puisse dépasser en totalité le quart du capital social du réseau) soit en obligations de grands réseaux, soit en immeubles affectés à l'habitation d'agents du réseau. Un compte sera ouvert pour chaque agent affilié à la coopérative. Avec le quart des sommes inscrites à son compte l'agent aura la faculté d'acquérir pour lui-même des actions de son réseau qui demeureront déposées à la caisse de la coopérative. « Lorsque l'agent se retirera « ou quittera le réseau, il recevra, le cas échéant, les « actions dont il est propriétaire et le reste des sommes « inscrites à son compte soit en capital soit sous forme « de rentes viagères. » Il sera, en outre, institué par décret « une caisse autonome qui pourra recevoir la deuxième « moitié de la prime — ou la prime entière » ; le décret instituera également « un système d'épargne permet- « tant à cette caisse soit d'acquérir au nom des agents des « actions de leur réseau, soit d'opérer des versements « à des œuvres d'assurance et de prévoyance sociale ». L'art. 3 prévoit également le cas où les grands réseaux, modifiant leur régime financier actuel, établiraient des actions de travail, dans le cadre de la loi de 1917. La société coopérative du personnel prévue par cette dernière loi serait substituée alors à la coopérative du réseau instituée par le premier paragraphe de l'art. 3 : un règle-

ment d'administration publique déterminera les « condi-
ditions de la substitution » (1).

Pour la Compagnie d'Orléans, par exemple, la prime
du personnel, pour l'exercice 1921, s'est élevée à
1.434.856 fr. 78, indépendamment, naturellement, des
allocations faisant partie du traitement ou salaire fixe —
primes de travail, de fraction — qui se sont élevées à
26.168.830 francs pour 1921, dont 8.729.548 pour les
mécaniciens et chauffeurs ; des gratifications, atteignant
25.375.911 ; des indemnités de résidence, 40.053.165, et
de logement, 507.957 francs (2).

(1) Comme le fait remarquer M. Percerou (Annales de Droit Commercial, 1921, p. 303) on ne voit d'ailleurs pas bien comment la société
commerciale coopérative de main-d'œuvre de la loi de 1917 (qui
n'est ni commerciale, ni coopérative) pourra se substituer, le cas
échéant, à la coopérative du réseau, puisque la première n'est faite que
pour grouper des actions de travail ? — ou bien — et cette interprétation
paraît plus conforme à la volonté probable du Parlement — faut-il
comprendre que la pseudo coopérative de la loi de 1917 jouera alors
un double rôle, et sera, à la fois, groupement des actions de travail
et caisse centralisatrice des primes avec mission d'employer celles-ci,
notamment, à l'achat d'actions de capital ? Il ne semble pas que la
pensée des auteurs de la loi ait été bien nette à ce sujet puisque,
comme il arrive aujourd'hui, quand une question difficile reste dans
le vague, ils s'en sont remis à un règlement d'administration publique
du soin de déterminer les conditions de la substitution.

(2) Compagnie des chemins de fer d'Orléans, Notice sur les institutions fondées par la Compagnie en faveur du personnel, Paris, 1922.

PARAGRAPHE 3

LA PARTICIPATION FACULTATIVE : ÉLABORATION D'UN CONTRAT-TYPE

Toute application obligatoire de la participation devant être écartée, un dernier champ d'activité reste ouvert en notre matière à l'activité du législateur, il peut intervenir pour reconnaître et définir le contrat de participation.

L'examen de cette question comporte la réponse aux points suivants : Y a-t-il lieu tout d'abord de formuler des règles particulières spéciales pour un tel contrat ? Quels éléments doivent être retenus comme essentiels pour caractériser la participation ?

L'étude juridique du contrat de participation nous a montré (1) que le droit commun des obligations ainsi que les dispositions du contrat de travail — dont il ne constitue qu'un accessoire — permettaient fort bien l'interprétation de ses différentes clauses.

La participation possède, ainsi, une charte coutumière suffisante à son développement, et sa codification constituerait non la création, mais la consécration, la reconnaissance officielle, d'une institution qui a déjà trouvé ses principes directeurs.

C'est donc à ce point de vue qu'il faut se placer pour apprécier l'opportunité d'une telle mesure : en définissant la participation, en précisant ses effets juridiques,

____

(1) *Suprà*, chap. IV.

sans d'ailleurs imposer aux parties aucun type obligatoire, le législateur contribuerait à la diffusion d'un
contrat par lequel les patrons hésitent à se lier faute
d'être suffisamment instruits de l'étendue des obligations
nouvelles qu'il assume (1).

M. Ch. Robert, Président de la Société pour l'Etude
pratique de la Participation aux bénéfices, reconnaissait
également, que « la loi, soit pour consacrer des usages
« anciens, soit pour créer en quelque sorte le droit com-
« mun des contrats nouveaux peut même tracer, sauf
« stipulations contraires, le plan d'un ensemble de clau-
« ses qui constituent alors le type facultatif d'une libre
« convention destinée à régir de plein droit les intéres-
« sés, s'ils ne déclarent pas s'y opposer » (2).

On peut faire valoir cependant, à l'encontre de ces
considérations en faveur de l'élaboration d'un contrat-
type, comme le fait la Société pour l'Etude de la Participation dans sa réponse récente au questionnaire du
D' Feilchenfeld (3) : « que toutes règles légales pour les
« entreprises désireuses d'adopter la participation ne
« pourraient qu'entraver la marche normale des entre-
« prises et, rendant plus précaires leurs résultats, aller
« à l'encontre des intérêts même de la participation ».

Il ne peut être question, cependant, que d'offrir à la

_____

(1) Cf. Pic, *op. cit.*, p. 953.

(2) Préface au Guide Pratique de M. Trombert, édit. de 1892, p. 43
et suiv.

(3) Bulletin de la Participation aux bénéfices, 1919, p. 180, 182.

libre adoption des intéressés une formule type générale du contrat de participation dont leurs conventions seront des applications ou des variantes. En précisant ainsi les règles essentielles autour desquelles se groupent les diverses modalités d'application de la participation contractuelle, le législateur ne dresserait que le cadre de sa réglementation, réglementation que les intéressés devraient compléter et rédiger dans ses détails selon les nécessités particulières de leurs entreprises. Il n'entendrait, ainsi, nullement proscrire la participation discrétionnaire ou sans quantum, qu'il serait loisible à toute entreprise d'adopter de préférence à la participation contractuelle.

L'élaboration d'un contrat-type dans cet esprit, ne paraît donc pas devoir, comme le redoute actuellement la Société pour l'Etude de la Participation aux bénéfices, constituer une entrave au développement de la participation et de son libre fonctionnement ; nous n'irons pas, toutefois jusqu'à dire qu'elle aura une influence sérieuse sur la généralisation de l'institution.

Quelles sont maintenant les clauses essentielles qui doivent figurer dans le schéma de réglementation qu'établirait le législateur ?

Dans le questionnaire que la Commission permanente du Conseil supérieur du travail a adressé, en vue de l'inscription de la participation à l'ordre du jour de la prochaine session de ce Conseil, aux groupements patronaux et ouvriers, les éléments suivants sont indiqués comme caractéristiques du contrat de participation :

a) fixation à l'avance du quantum des bénfices à répartir ;

b) limitation des conditions à imposer aux participants pour être admis à la répartition :

c) limitation tout au moins de la nature des prélèvements à effectuer avant répartition ;

e) dispositions relatives au contrôle des participants ou aux garanties à leur donner.

Ce sont là, en effet, les dispositions essentielles d'une réglementation de la participation.

La nécessité de laisser toute liberté aux parties pour développer chacune de ces clauses — fixation du quantum, détermination du bénéfice net partageable — en adoptant telles des modalités d'application dont elles sont susceptibles, n'empêcherait pas toutefois le législateur d'indiquer au regard de chacune d'elle l'une de ces modalités.

Après avoir déclaré, par exemple, que le contrat de participation devra fixer les règles de répartition entre les ayant droit, il indiquerait qu'à défaut, cette répartition aura lieu au prorata de salaires et traitements de l'année.

A l'issue des travaux de la Commission d'Enquête extra-parlementaire de 1883, M. Floquet, déposa au nom du gouvernement, le 16 juillet 1888, un projet de loi sur les sociétés coopératives et le contrat de participation aux bénéfices.

Ce projet ayant été l'objet de deux délibérations, à la Chambre, en 1888 et 1893, au Sénat, en 1892 et 1893, aurait enfin vu le jour si une très vive campagne menée par le commerce de détail contre les coopératives n'avait amené le Sénat à refuser à ces dernières toutes immunités fiscales, par son vote du 13 mars 1896. C'était, huit ans après son dépôt sur le bureau de la Chambre, l'échec définitif du projet qui ne fut jamais repris : avec lui disparaissait la tentative de réglementation légale du contrat de participation aux bénéfices contenue dans son titre VI.

Nous jugeons intéressant de rappeler qu'elles étaient les dispositions de ce titre VI.

Après avoir affirmé que « tout commerçant peut « admettre ses ouvriers ou employés à participer aux « bénéfices, sans que cet engagement entraîne pour ces « derniers aucune responsabilité en cas de pertes », l'art. 42 déclare « que la participation peut être éta- « blie à titre bienveillant et ne donner lieu à aucun con- « trôle » ou « résulter d'un contrat qui donne aux participants le droit de contrôler les comptes ».

Ce contrôle, l'art. 43 en détermine les conditions, à défaut de leur fixation dans le contrat : un ou trois experts comptables désignés d'avance d'un commun accord par les participants et le chef d'entreprise constateront si l'inventaire est régulièrement établi et si la part de bénéfices qui revient au personnel lui est réellement attribuée.

L'impôt sur le revenu n'est pas perçu sur la part de bénéfices (art. 44) qui ne pourra être non plus l'objet d'aucune répétition, sauf le cas de concert frauduleux, même en cas de faillite de l'entrepreneur (art. 46).

Ce texte était donc assez incomplet et apparaissait plutôt « comme une manifestation de propagande que comme une consécration légale » (1).

La forme et le fond du contrat-type esquissés, il y a lieu de se demander à quelle place de notre législation civile il y aurait lieu de le faire figurer.

Modalité du contrat de travail, en tant que perfectionnement du salaire forfaitaire, la participation aux bénéfices devrait donc, semble-t-il, figurer à côté des dispositions régissant ce dernier : sa place serait au Code du travail, de préférence au Code civil ou au Code de commerce.

(1) WAXWEILER, *op. cit.*, p. 224.

Conclusion

Notre conclusion sera brève, ne s'est-elle point, en effet, dégagée, pour ainsi dire, au fur et à mesure, des différents chapitres de cette étude ?

Mode de rémunération du travail poursuivant, non seulement une amélioration de la situation pécuniaire de l'ouvrier mais, surtout, une amélioration des rappports entre le Capital et le Travail, la généralisation de la participation est, à ces deux titres, désirable.

Toutefois, cette généralisation ne saurait être le fait d'une intervention légale et il serait téméraire, d'autre part, d'en attendre la réalisation libre dans toutes les entreprises indistinctement. En effet, en une matière aussi complexe que les relations du Capital et du Travail, on ne saurait prétendre à une solution unique, au moyen d'un système si ingénieux soit-il.

C'est essentiellement, à notre sens, dans l'accord de bonnes volontés réciproques basées sur un désir de collaboration loyale dans une atmosphère de confiance mutuelle que réside la possibilité de bons rapports entre les deux facteurs de la production.

Ce résultat, la participation aux bénéfices peut incontestablement y contribuer de la manière la plus utile : c'est à ce titre qu'elle s'impose à l'examen consciencieux et à l'attention bienveillante de tout chef d'entreprise désireux de contribuer pour sa part, à l'apaisement social.

Vu : *Le Doyen,*

H. BERTHELEMY.

Vu : *Le Président,*

J. PERCEROU.

Vu et permis d'imprimer :

Le Recteur de l'Académie de Paris,

P. APPELL.

Indications bibliographiques

Sans avoir, à aucun titre, la prétention de donner une bibliographie de la participation aux bénéfices, nous indiquerons les documents et ouvrages plus spécialement utilisés par nous.

— Compte rendu *in extenso* des séances du Congrès international de la participation aux bénéfices, tenu à Paris en 1889.

— Compte rendu *in extenso* des séances du Congrès international de la participation aux bénéfices, tenu à Paris en 1900.

— Compte rendu *in extenso* des séances du Congrès national de la participation aux bénéfices, tenu à Bordeaux en 1912.

— Bulletin de la Participation aux bénéfices, publié par la Société pour l'étude pratique de la Participation du personnel dans les bénéfices. (Années 1879 à 1922).

— Enquête de la Commission extra-parlementaire des associations ouvrières (1883-1888).

— Exposition Universelle de 1867. Rapport du jury international sous la direction de M. Michel Chevalier.

— Profit Sharing and Labour Co-Partnership. Ministry of labour (Intelligence and statistics Department). *Report on Profit Sharing and Labour Co-Partnership in the United Kingdom.* (London, Printed and Published by his Majesty's stationery office).

— U. S. Department of Labor-Bureau of Labor statistics. *Profit Sharing in the United States,* by Boris Emmet. (Washington government Printing office, 1917).

— Berthélemy. — *Traité de droit administratif,* 10° édition.

— Beynet. — *De l'influence de la participation aux bénéfices sur la production, la situation de l'ouvrier et les grèves,* thèse Paris, 1908.

— Paul Bureau. — *La participation de l'ouvrier aux profits du patron et la participation aux bénéfices* (Concours du Musée social, 1896-1897).

— V. Böhmert. — *La participation aux bénéfices en Allemagne, en Autriche et en Suisse,* édition française, Paris, Chaix, 1908.

— Capitan et Cuche. — *Cours de législation industrielle,* 1921.

— E. Cheysson. — *Congrès international de la participation aux bénéfices,* 14 et 18 juillet 1900. Rapports et observations, Chaix, 1901.

— Compagnie du chemin de fer d'Orléans. — *Notice sur les institutions fondées par la Compagnie en faveur de son personnel,* Paris 1922.

— Ch. Deloncle. — *Capital et Travail. Vers des temps nouveaux.*

— F. FAGNOT. — *La part du travail dans la gestion des entreprises*. Rapport présenté à lAssociation nationale française pour la protection légale des travailleurs (1919-1920).

— M. GASTINEAU. — *De l'état actuel de la participation aux bénéfices en France*, thèse Paris 1906.

— M. A. GIBON. — *La participation des ouvriers aux bénéfices et les difficultés présentes*, Guillaumin, 1892.

— Ch. GIDE. — *Cours d'économie politique*, 4° édition, 1919.

— Ch. GIDE. — *Institutions de progrès social*, 5° édition, 1920.

— Ch. GIDE. — Cours professé aux étudiants américains (mai-juin 1919).

— Jean GRANIER. — *Les actions de travail*, thèse Paris, 1910.

— HOCQUET. — *Emploi des fonds dans la participation aux bénéfices*, thèse Paris, 1897.

— LESCOT. — *La participation ouvrière aux bénéfices à Epinac et à Blanzy et les projets de participation obligatoire dans l'industrie minérale française*, thèse Dijon, 1914.

— LEVASSEUR. — Rapport fait au nom du jury (Concours sur la participation, Musée social), 30 mai 1897.

— LYON-CAEN et RENAULT. — *Traité de droit commercial*.

P. MAES. — *Étude sur la participation aux bénéfices appliquée aux ouvriers de l'industrie et aux ouvriers agricoles*, thèse Rennes, 1910.

— R. MERLIN. — *Le métayage et la participation aux bénéfices*. (Concours du Musée social, 1896-1897).

— PABON. — *Traité de la saisie-arrêt des salaires*, 4e édition, 1922.

— A. PAYER. — *La participation aux bénéfices*, Paris, 1911.

— PIC. — *Traité de législation industrielle*, 5e édition, 1922.

— R. PICARD. — *Le contrôle ouvrier sur la gestion des entreprises*, Paris, 1922.

— D. SCHLOSS (traduit par Ch. Rist). — *Les modes de rémunération du travail*, 1902.

— THALLER et PERCEROU. — *Traité élémentaire de droit commercial*.

— THALLER et PIC. — *Des sociétés commerciales*.

— A. TROMBERT. — *La participation aux bénéfices. Exposé des différentes méthodes adoptées pouvant servir de guide pratique pour l'application du régime*, 2e édition, 1912.

— A. TROMBERT. — *La participation aux bénéfices. Étude d'ensemble*, 2e édition, 1921.

— M. VANLAERT. — *La participation. Son passé. Son avenir*. (La Réforme sociale, 9e série, T. I, 1921).

— E. VILLEY. — *La crise du salariat et les remèdes proposés.* (Revue de l'institut de sociologie, Bruxelles, n° 2, septembre 1921).

— R. VIOLOT. — *Théorie juridique de la participation aux bénéfices,* thèse Paris, 1898.

— E. WAXWEILER. — *La participation aux bénéfices. Contribution à l'étude des modes de rémunération du travail.* (Concours du Musée social, 1896-1897).

TABLE DES MATIÈRES

CHAPITRE III

La Participation aux bénéfices
au point de vue économique et social

CHAPITRE IV

La Participation aux bénéfices
au point de vue juridique

CHAPITRE V

La consécration légale
de la Participation aux bénéfices